bkjn magazine

트럼프, 머스크, 만조니

판권

《bkjn magazine》은 북저널리즘이 만드는 종이 뉴스 잡지다. 북저널리즘은 2017년 서울에서 출판물로 시작해 디지털, 멤버십, 커뮤니티, 오프라인으로 미디어 경험을 확장하고 있다. 《bkjn magazine》 28호는 2025년 1월 17일 발행됐다. 이번 호부터 제호가 《스레드》에서 《bkjn magazine》으로 바뀌었다. 표지 사진은 뉴욕시의 모습이다. 요나스 위머스트롬(Jonas Wimmerström)이 촬영했다. 이 책의 발행처는 주식회사 스리체어스다. 주소는 서울시 종로구 효자로 15 2층, 이메일은 hello@bookjournalism.com, 웹사이트는 bookjournalism.com이다. 이 책에 수록된 글과 그림을 이용하려면 스리체어스의 동의를 받아야 한다.

《bkjn magazine》은 북저널리즘이 만드는 종이 뉴스 잡지입니다. 테크와 컬처, 국제 정치를 새로운 시각으로 이야기합니다.

들어가며 7

bkjn review

bkjn talks

2000년 네이버와 다음의 포털 뉴스 서비스가 시작됐습니다.
읽고 보고 쓰고 소통하는 방법을 송두리째 바꾼 2007년의
아이폰 출시, 한국 미디어 업계의 지형을 급변시킨 2011년의
종편 출범도 있었습니다. 어느 때인가는 학생으로, 소비자로,
그리고 어느 때인가는 당사자로 저도 그 변화를 겪었습니다.
저는 제 인생에 닥친 몇 번의 변화를 변화인 줄 몰랐고, 기회인
줄도 몰랐습니다. 그저 어제처럼 오늘을 살았던 겁니다.
그래서는 안 되겠다고 생각하게 되었을 즈음, 마침 새로운
변화가 시작되었습니다. 생성형 AI의 급속한 발전입니다. 이
세계의 모든 분야를 바꿀 물결이지만, 콘텐츠 업계에서는
그 파도의 크기와 힘을 조금 더 빨리 느끼고 있습니다.
《스레드》를 《bkjn magazine》이라는 이름으로 다시 시작하는
이유입니다. 이 세계에 널린 사실을 전달하고 풀어내는 것은
이제, 인간만의 기술이 아니게 됐습니다. 산업에 지각 변동이
이미 시작됐습니다. 그래서 《bkjn magazine》은 기계가 할
수 없는 것을 하고자 합니다. 감히 이름을 걸고 이 세계를
비평하고자 합니다. 파도에 휩쓸려 갈 생각은 없습니다. 독자
여러분, 저희와 함께 이 파도에 올라타 주셨으면 합니다.

테크와 컬처, 국제 정치를
새로운 시각으로
이야기합니다.

우리는 시간의 가장자리에 살고 있습니다.

___

에반 윌리엄스는 50세 생일에 초대할 사람의 명단을
작성하다가 중요한 사실을 깨달았습니다.

에반 윌리엄스(Evan Williams)는 2년 전 50번째 생일을 맞았습니다. 미국에선 성년이 되는 21세 생일과 한 세기의 절반인 50세 생일이 큰 의미를 갖습니다. 우리가 회갑을 기념하듯 50세 생일에는 가족과 친지를 초대해 성대한 파티를 열기도 합니다. 윌리엄스도 생일에 초대할 사람의 명단을 만들려고 했죠. 그러다 깨달았습니다. 50년을 살았는데, 뜻깊은 자리에 부를 만한 든든한 우정이 없었습니다.

윌리엄스는 지난 삶을 돌아봤습니다. 변명할 거리는 적지 않았습니다. 코로나19로 여러 만남이 끊겼고, 사업에 전념하느라 짬을 내기도 어려웠습니다. 사람 만나기를 즐기는 성향도 아니었고요. 성장 배경부터 그랬습니다. 윌리엄스는 미국 중부 대평원 지역인 네브래스카주 클락스에서 유년기를 보냈습니다. 다른 사람과 연결되기를 절실히 바랐지만, 인구 300명의 작은 마을에서 마음이 맞는 또래를 찾기는 어려웠죠.

어린 윌리엄스는 독특한 사고방식을 갖게 됩니다. '내가 사람들을 찾아가는 게 아니라 사람들이 나를 찾아오게 하자.' 그러려면 성공해야 했습니다. 인상적인 일을 해서 중요한 사람이 되면 사람들이 자신을 찾아올 거라고 믿었죠. 윌리엄스는 고등학교를 마치고 네브래스카대학교에 입학했지만, 2학년 때 중퇴합니다. 고향을 떠나 플로리다와

텍사스, 캘리포니아의 테크 스타트업에서 일하며 경력을 쌓습니다.

그렇게 30년을 일만 하며 살았습니다. 어린 시절 다짐했던 대로 윌리엄스는 몇 번의 창업을 연달아 성공시켰고, 네브래스카의 시골 마을이 아니라 미국이 주목하는 사람이 됐죠. 그러나 그가 바랐던 일은 일어나지 않았습니다. 50세 생일을 앞두고 윌리엄스는 깨닫습니다. 중요한 사람이 되려고 평생 발버둥 치며 살아왔는데, 진정으로 중요한 것, 즉 '관계'에 충분히 투자하지 않았다는 것을 말입니다.

2012년 10월 3일 미국 캘리포니아주 산타클라라에서 열린 데모(DEMO) 2012 가을 행사에 참석한 에반 윌리엄스. 사진: Stephen Brashear

소셜은 사라지고 미디어만 남았다

윌리엄스는 27세 때인 1999년에 첫 번째 인터넷 회사를 창업합니다. 당시만 해도 웹사이트를 만들려면 복잡한 코딩 기술을 알아야 했죠. 윌리엄스는 코딩을 몰라도 누구나 손쉽게 홈페이지를 만들고 생각을 기록할 수 있는 도구를 만듭니다. 블로거(Blogger)입니다. 블로거는 2003년 구글에 인수되죠. 이후 윌리엄스는 2006년에 잭 도시, 비즈 스톤과 함께 트위터를 만듭니다. 2012년에는 미디엄(Medium)을 만들었죠.

'블로그의 왕' 윌리엄스가 지난주에 새 서비스를 내놨습니다. 모지(Mozi)입니다. '함께 돌아다니자'는 뜻입니다. 윌리엄스는 스타트업에 전념하느라 관계를 잃었고, 이제 스타트업으로 관계를 개선하려 합니다. 윌리엄스는 지난 20년간 소셜 네트워크가 소셜 미디어가 됐다고 지적합니다. 친지와 소식을 주고받기 위해 설계된 서비스가 사용자 참여를 극대화하려다 인플루언서의 관심 경쟁 전쟁터로 전락했다는 것이죠.

모지의 서비스는 간단합니다. 모지 앱을 핸드폰에 깔면 서로 연락처 목록에 저장된 사람과 같은 장소에 있을

때 알려 줍니다. 소셜 '미디어'가 아니기 때문에 내 연락처가
없거나, 내가 원하지 않는 사람은 내 상태를 볼 수 없습니다.
역시 소셜 '미디어'가 아니기 때문에 사용자는 사진과
영상을 올릴 수 없고, 팔로우와 좋아요 기능도 없습니다. 이
앱의 목표는 "아끼는 사람들과 더 자주, 직접 만나게 하는
것"입니다.

　　　　윌리엄스는 얼마 전 마이애미에 갔습니다.
마이애미에 언제부터 언제까지 머문다고 출발하기 전에 모지
앱에 입력했죠. 이 소식은 윌리엄스의 핸드폰에 연락처가
저장된 사람 — 그중에서 윌리엄스가 일정 공유를 원하지
않은 일부를 제외하고 — 모두에게 공유됐습니다. 덕분에
마이애미에 사는 친구와 마침 마이애미를 방문 중이던 다른
친구를 볼 수 있었습니다. 거창한 계획을 세우지 않아도 '오,
어쩐 일이야?' 하고 만날 수 있도록 돕는 서비스죠.

시간의 가장자리

윌리엄스의 새 스타트업 소식을 접하고 여러 해 전에 읽은
팀 어반(Tim Urban)의 글 〈시간의 가장자리(The Tail
End)〉가 생각났습니다. 우리는 삶의 유한함을 알지만 무한한

것처럼 삽니다. 그러다 시간의 가장자리에 이르러 지난날을 후회합니다. 후회의 대부분은 관계에 관한 것입니다. 내 생활 패턴을 생각해 보면 앞으로 뭘 얼마나 더 할 수 있는지 계산할 수 있습니다. 글을 쓸 당시 34세였던 어반은 말합니다. "나는 바다 수영을 1년에 한 번 정도 한다. 90세까지 산다면 앞으로 60번쯤 더 할 수 있다."

어반은 같은 방식으로 남은 인생에서 시청할 수 있는 슈퍼볼 게임, 맞이할 수 있는 겨울, 먹을 수 있는 피자의 개수를 헤아려 봅니다. 이런 일은 인생에서 고르게 분포돼 있습니다. 인생의 3분의 1을 경험했다면 3분의 2가 남아 있습니다. 그러나 어떤 일은 바다 수영과 겨울과 피자와 달라서 삶의 특정 시기에 집중돼 있습니다. 남은 인생만 따져서는 제대로 계산할 수가 없죠. 관계가 그렇습니다. 어반은 말합니다.

"저는 열여덟 살까지 90퍼센트의 시간을 부모님과 함께 보냈습니다. 대학에 들어가고 보스턴을 떠나게 되면서 부모님을 1년에 평균 5번, 매번 이틀 정도 뵈었습니다. 1년에 열흘입니다. 어린 시절 해마다 부모님과 함께 보낸 날들의 3퍼센트입니다. 제가 억세게 운이 좋아서 부모님이 30년을 더 산다고 해도, 앞으로 두 분과 함께 보낼 수 있는 날은

300일입니다. 열여덟 살까지 한 해 동안 부모님과 함께 보낸
날보다 적습니다. 이제 와 생각해 보니, 고등학교를 졸업했을
때 저는 이미 부모님과 함께하는 시간의 93퍼센트를 소진한
것이었습니다. 그리고 지금 저는 마지막 5퍼센트의 시간을
보내고 있습니다."

        윌리엄스가 50세 생일을 맞았을 때 그의 아들은
그 순간을 '하프 타임(half time)'이라고 불렀다고 합니다.
윌리엄스는 경기의 승패가 결정되는 후반을 관계 회복에
쓰기로 했습니다. 그리고 실제 인간관계를 구축하는 데
도움이 되는 비공개 소셜 네트워크를 내놨죠. 성인이 된
우리는 모두 시간의 가장자리에 살고 있습니다. 삶의
우선순위를 정하고, 매 순간을 소중하게 보내는 것은 앱
없이도 할 수 있는 일입니다.

        윌리엄스의 새로운 도전을 bkjn review 첫
에피소드의 주제로 준비하면서 한동안 연락이 뜸했던
친구에게 전화했습니다. 마침 연말이기도 하니까요. 1월 둘째
주에 만나기로 했네요. 소셜 네트워크 업계의 거인이 만든
이 귀여운 앱은 아마도 블로거, 트위터, 미디엄 같은 거대한
서비스가 되지는 못할 겁니다. 그러나 모지는 서비스의 설립
취지와 배경만으로 "아끼는 사람들과 더 자주, 직접 만나게

하는 것"이라는 미션을 벌써 달성하고 있습니다.

이름이 법이 될 때 사회는 진보합니다.

안창호 재판관의 보충 의견은 반향을 일으키지 않았습니다.
'깔끔하고 통쾌한' 탄핵 주문에 사족을 달아 옥의 티였다는
의견이 더 많았죠.

이름이 법이 될 때 사회는 진보합니다. 많은 사람이 주목하는 사건이 발생하면 그동안 국회에서 잠자던 법안의 처리가 급물살을 탑니다. 김용균법이 그랬고 구하라법이 그랬습니다. 민식이법이 국회를 통과했을 때 고(故) 김민식 군의 부모는 말했습니다. "너의 이름으로 된 법으로 다른 아이들을 지킬 수 있게 됐어." 그렇습니다. 법이 된 이름들이 이 사회를 지키고 구하고 있습니다.

구하는 법이 있다면 막는 법도 있습니다. '이인제 방지법'이 대표적입니다. 당내 경선에서 낙선한 공직 선거 후보자가 해당 지역구에는 출마할 수 없도록 규정한 공직선거법입니다. 제2의 이인제를 막기 위해 만들어진 법입니다. 1997년 대선에서 이인제 후보는 신한국당 경선에서 이회창 후보에게 패배하자 탈당하고는 신당을 만들어 대선에 출마합니다. 결국 영남 표가 분산되면서 김대중 후보가 대통령에 당선됐죠.

이름이 법이 될 때 사회는 진부합니다. 사법은 이제를 심판하고, 입법은 내일을 준비하는 일입니다. 분노와 슬픔을 되풀이하지 않으려면 법을 바꿔야 합니다. 지금 한국에는 '윤석열 방지법'이 필요합니다. 개헌입니다.

보충 의견

12·3 비상계엄 사태와 탄핵은 7년 전에 막을 수 있었습니다. 2017년 3월 10일, 이정미 헌법재판소장 권한 대행이 주문을 선고했습니다. "피청구인 대통령 박근혜를 파면한다." 이 장면을 아직 기억하는 분이 많을 겁니다. 그러나 우리가 놓친 대목이 있습니다. 생중계된 21분짜리 영상의 말미에 이정미 권한 대행은 "정치적 폐습을 청산하기 위해 파면 결정을 할 수밖에 없다"는 안창호 재판관의 보충 의견 요지를 읽습니다.

2017년 3월 10일 박근혜 대통령 탄핵 심판 사건에서 헌법재판소가 파면을 선고했다. 출처: YTN

안 재판관이 지적한 '정치적 폐습'은 탄핵 심판 결정문에 보충 의견으로 담겨 있습니다. 안 재판관은 "나는 이른바 '제왕적 대통령제(imperial presidency)'로 비판되는 우리 헌법의 권력 구조가 이러한 헌법과 법률 위반 행위를 가능하게 한 필요조건이라고 본다"고 설명했습니다. 현행 대통령제에서 국무총리를 포함한 국무위원은 "대통령의 의사 결정과 지시에 복종할 뿐, 대통령의 뜻과 다른 의견을 자유롭게 개진하기 어렵다"고도 했습니다.

이 보충 의견은 반향을 일으키지 않았습니다. '깔끔하고 통쾌한' 탄핵 주문에 사족을 달아 옥의 티였다는 의견이 더 많았죠. 2017년 봄의 탄핵 심판은 박근혜 대통령을 끌어내리는 데에만 관심이 쏠렸고, 사건 심판의 헌법적 의미를 살피거나 향후 헌법 개정의 방향을 모색하는 데까지 이르지 못했습니다. 그렇게 촛불은 승리했고, 조기 대선이 치러졌고, 정권이 바뀌었습니다. 그리고 7년 뒤 또 이 사달이 났습니다.

제왕적 대통령제는 수명을 다했습니다. 1987년 대통령 직선제 헌법 개정 이후 8명의 대통령이 있었습니다. 그 사이 3번의 탄핵 소추가 있었고, 3명의 대통령이 퇴임 후 감옥에 갔고, 1명은 극단적 선택을 했습니다. 8명 모두 측근 비리에 시달렸습니다. 대통령 개인의 부덕이나 일탈 때문으로만 보기 어렵습니다. 이 조직이 만약 사기업이었다면 외부 컨설팅을 받아 거버넌스부터 바꿨을 겁니다.

탄핵 심판의 헌법적 의미

안창호 재판관은 1987년 개헌으로 대통령의 권력 '형성'의
민주적 정당성 측면에서는 획기적인 변화가 있었지만,
대통령의 권력 '행사'의 민주적 정당성 측면에서는 과거
권위주의적 방식에서 크게 벗어나지 못하고 있다고
지적했습니다. 대통령에게 법률안 제출권, 예산 편성·제출권,
광범위한 행정입법권 등 권한이 집중돼 있지만, 효과적인
견제 장치가 없거나 제대로 작동하지 않고 있다는 것이죠.

　　　안 재판관은 "현행 헌법상 대통령 권력의 과도한
집중은 아직 청산되지 않은 하향식 의사 결정 문화와
정의적(情意的) 연고주의와 결합하여 대통령의 자의적 권력
행사의 문제점을 더욱 심각하게 할 수 있다"고 주장합니다.
실제로 이번 12·3 비상계엄 사태도 대통령의 '충암고 라인'이
핵심적인 역할을 했다는 의혹이 있죠.

　　　안 재판관은 보충 의견에서 문제 지적에 그치지
않고 헌법 개정의 방향까지 제안합니다. 요약하자면 ①의원
내각제든 이원 집정부제든 책임 총리제 도입이든 국민의
선택에 따라 정부 형태를 변경해 과도하게 집중된 대통령의
권력을 분산하고, ②중앙에 집중된 권력을 지방으로 대폭

이양해 주민 근거리 민주주의를 실현하는 것입니다.

　　　　물론 제도의 결함이 윤 대통령의 잘못을 정당화할 수는 없습니다. 그러나 탄핵 심판과 형사 재판은 분리해서 봐야 합니다. 앞으로 진행될 형사 재판을 통해 진실을 밝히고 합당한 처벌을 내리면 그만입니다. 탄핵 심판은 헌법적 의미를 우선 고려해야 합니다. '꼴좋다' 하고 피청구인을 망신 주는 자리가 아니라 헌법적 의미를 고찰하는 기회가 돼야 합니다. 제2의 윤석열을 막기 위해서입니다.

한 청년이 미국의 안티히어로로 등극했습니다.

대다수의 미국 언론은 '사적 제재'의 위험성을 우려하는
사설을 내놨습니다. 하지만 만조니의 범행을 '사적 제재'라
표현하기에는 뭔가 좀 부족한 구석이 있습니다.

2024년 12월 4일 오전 6시 44분, 루이지 만조니는 뉴욕 미드타운의 힐튼호텔 입구에 서 있었습니다. 얼굴에는 검은색 마스크를 썼습니다. 손에는 3D 프린터로 제작한 권총이 들려 있습니다. 만조니가 총을 쏩니다. 등을 돌리고 서 있던 유나이티드 헬스케어의 보험 부문 CEO, 브라이언 톰슨이 쓰러졌습니다. 만조니는 이제 살인 용의자, 톰슨은 살인 피해자가 되었습니다.

사건이 발생한 이후 만조니에 대한 관심이 뜨거워졌습니다. 그런데 상황이 조금 이상하게 흐릅니다. 범죄 용의자에게 우호적인 여론이 형성되기 시작한 것입니다. 만조니가 체포될 당시, 그의 옷차림과 비슷하게 입은 사람들이 체포 현장 주변을 서성이기도 했습니다. 경찰 수사를 방해하기 위해서였습니다. 그리고 현지 시각 12월 10일 오전, 만조니가 체포되자 온라인은 그야말로 '폭발'했습니다. 사망자를 향한 추모의 댓글보다 조롱과 비아냥의 댓글이 더 주도적으로 생산됐고, 만조니를 향해서는 우호적인 메시지가 쏟아졌습니다.

이 비현실적인 상황의 이유가 총탄에 새겨져 있습니다. 만조니가 범행에 사용했던 총알에는 'Deny(지연)', 'Depose(거절)', 'Depose(퇴진)'라는 단어가 각각 새겨져

있었습니다. 미국 보험 회사의 지급 거절 관행을 비판할
때 사용되는 용어, 'Deny, Depose, Defend(방어)'를 비튼
겁니다. 더 직설적인 표현은 체포 당시 만조니가 갖고 있던
자필 선언문에 담겼습니다. 극심한 허리 부상과 통증으로
고립을 겪었던 청년은 이렇게 적었습니다. "솔직히 말해서, 이
기생충들은 당해도 싸다고 생각합니다."

만조니는 법원 출석 도중 미디어의 카메라가 보이는 찰나를 놓치지
않고 자신의 주장을 외쳤다. 출처: Associated Press

사람들은 만조니가 통쾌한 복수를 했다고
생각합니다. 자신의 부상과 그로 인한 고통을 제대로
구제하지 않은 사람을 향해 총알을 날렸다고 말입니다.
언론도 비슷하게 봤습니다. 대다수의 미국 언론은 '사적
제재'의 위험성을 우려하는 사설을 내놨습니다. 하지만
만조니의 범행을 '사적 제재'라 표현하기에는 뭔가 좀 부족한

구석이 있습니다. 저는 이 사건을 설명할 새로운 언어가
필요하다고 생각합니다. 이를테면, '대안적 정의' 같은 것
말입니다.

그 총알은 복수가 아니고

미국에서 의료보험 혜택을 받으려면 한국과는 꽤 다른 과정을
거쳐야 합니다. 비싼 보험료를 꼬박꼬박 납부해도, 보험금을
청구하기 위해서는 갖가지 서류 작업에 몇 시간에서 며칠을
쏟아부어야 합니다. AI 혁명을 주도하고 있는 국가지만,
청구서는 반드시 팩스로 보내야 하죠. 게다가 접수 확인에만
한 달이 걸립니다. 2024년, 그 어떤 업계에서도 보기 힘든
비효율입니다. 보험금 지급률도 낮습니다. 공식적인 데이터는
공개되어 있지 않지만, 유나이티드헬스그룹의 보험률 지급
거절률은 32퍼센트 정도로 알려져 있습니다. 3명 중 1명은
보험금 지급을 거절당한다는 얘기입니다.

각종 소셜 미디어와 온라인 커뮤니티에서 만조니를
지지하는 목소리가 압도적으로 크게 들리는 까닭입니다.
병원 문턱에서, 쌓인 서류 앞에서 절망했던 자신의 모습을
만조니에 겹쳐 보는 것이죠. 그런데 정작 만조니는

유나이티드 헬스케어의 고객이 아니었습니다. 보험금 지급과 관련해 어떤 부당함을 겪었든, 피해자와는 아무런 관련이 없었다는 얘깁니다. 누군가의 말처럼 '복수의 서사'는 고통의 등가 교환이라는 목표를 추구하는 서사입니다. 만조니의 총알은 복수의 총알이 아니었습니다. 정의롭지 않은 시스템을 뒤흔들고자 하는 '대안적 정의'였습니다.

대안적 정의의 탄생

현대적인 의미의 대안적 정의를 처음으로 제시한 인물을 꼽자면 1978년 첫 범행 이후 18년 동안 정체를 숨긴 채 대학(University)과 항공사(Airline)를 대상으로 폭탄 테러를 지속해 온 유나바머(Unabomber)를 이야기할 수 있겠습니다. 수많은 사람들이 유나바머가 보낸 폭탄 소포에 손을 잃고, 발을 잃고, 시력을 잃었죠. 사망자도 발생했습니다. 유나바머는 1995년 언론사에 편지를 보냅니다. 자신의 글을 《워싱턴포스트》나 《뉴욕타임스》 중 한 곳에 개재하라는 요구였고, 분량이 3만 5000여 단어에 이르는 긴 글이었습니다. 테러범의 요구를 들어줄 수 없다는 수사 원칙을 깨고, 범인의 글이 인쇄되어 발행됐습니다.

유나바머, 본명 시어도어 카진스키의 선언문,《산업사회와 그 미래》입니다.

선언문을 통해 카진스키가 무엇을 향해 폭탄 테러를 벌여 왔는지가 드러났습니다. 현대 산업 기술 문명이라는, 거대한 시스템을 향해 폭탄을 보내왔던 것입니다. 카진스키는 기술이 발전할수록 인간의 역할은 축소되고 기술 시스템이 주도권을 장악하게 될 것이라고 주장했죠. 기계 문명을 기반으로 한 현대 사회의 시스템은 우리 욕구를 대부분 충족해 줍니다. 저렴한 공산품, 쾌적한 생활 같은 것 말입니다. 동시에 시스템은 우리를 통제하기도 하고요.

그 결과 우리가 탐닉하게 되는 것이 '가짜 목표'입니다. 진짜 중요한 것은 외면한 채 취미나 오락, 단순한 여가를 추구하게 된다는 것이죠. 1995년의 카진스키는 이러한 가짜 목표를 공급하는 것이 '미디어'라고 주장합니다. 개인의 사고는 미디어가 원하는 방향으로 유도되며, 미디어를 통해 본 왜곡된 현실을 진실로 받아들이게 된다는 겁니다. 그 결과, 기술 문명의 위험이라는 본질적 문제는 외면당합니다. 비슷한 주장을 한 사람이 있습니다. 바로 도널드 트럼프 미국 대통령 당선인입니다.

보이지 않는 가해자의 정체

트럼프는 화려한 사람입니다. 쇼 비즈니스의 세계를 누구보다
잘 알고 있고, 그 경험과 노하우로 정치적 영향력을 쌓아
왔죠. 이 때문에 자신의 집권 1기 취임식 당시 몰렸던 인파가
2009년 오바마 취임식 때보다 훨씬 적어 보이는 사진을
참을 수 없었던 것 같습니다. 당시 션 스파이서 백악관
대변인은 "어느 때보다 많은 군중이 왔다"라고 발언했죠.
거짓말이었습니다. 논란이 일었습니다. 백악관은 스파이서가
'대안적 진실(alternative truth)'을 이야기한 것이라고
밝혔습니다.

      믿음을 부정당하는 것은 고통스러운 일입니다.
하지만 권위 있는 전문가나 명성을 쌓은 언론으로부터
'그것은 진실이 아니다'라고 부정당한다면 우길 방법이
마땅치 않았습니다. 적어도 20세기까지는 말이죠. 우리는
소셜 미디어를 통해 얼굴 한 번 본 적 없는 누군가도 나와
같은 믿음을 갖고 있다는 사실을 확인할 수 있는 시대에 살고
있습니다. 나 혼자서는 우길 수 없어도 함께라면 가능합니다.
그리고 힘이 있는 누군가가 당신의 믿음이야말로 대안적인
진실이라고 이야기해 준다면 그 믿음은 더욱 강해질 겁니다.

대안적 진실은 '권위의 전복'이라는 특성을 가집니다.

　　　　'대안적 정의' 또한 마찬가지입니다. 시스템을 의심하기란 쉽지 않습니다. 이 세계는 너무나도 복잡하며, 우리가 이해할 수 없는 수많은 기술을 그저 받아들이며 살아가야 합니다. 내가 '불의'한 일을 당했다 하더라도 가해자가 누구인지 가려내기 힘듭니다. 만조니 입장에서 가해자는 과연 누구였을까요. 최저 시급에 가까운 급여를 받고 있을 보험 회사 콜센터 상담원은 아닐 겁니다. 콜센터 직원 뒤로 보이지 않게 숨겨진 시스템이 진짜 가해자입니다. 그 시스템을 전복시키기 위해 만조니는 총을 쐈습니다.

당신을 밀어내는 정의

만조니는 유나바머에게서 꽤 강한 인상을 받았던 것 같습니다. 독서를 중심으로 한 커뮤니티 굿리드(Goodread) 사이트에는 만조니가 《산업사회와 그 미래》에 달아 둔 별점과 평이 남아 있습니다. 5점 만점에 4점. 당시만 해도 만조니는 카진스키가 무고한 사람들을 다치게 한 폭력적인 사람이었다고 비판합니다. 그러나 동시에 '현대 사회에 대한 그의 예측 상당 부분이 매우 선지적이었다'는 점 또한 강조했습니다.

　　만조니 입장에서 유나바머는 이 세계의 문제점을 제대로 파악했던 사람입니다. 대안적 정의를 실현한 만조니 본인처럼 말이죠. 실제로 만조니는 선언문에서 자신의 행동을 '반드시 해야만 했던 일'이라며 정당화합니다. 또, 스스로를 문제 해결을 위해 나선, '유일하게 진실한 인물'이라 평가합니다. 대안적 정의를 실현했음을 선언한 것입니다.

　　그런데 단단히 여물지 않은 정의라는 것은 누군가에게 불의가 되기 십상입니다. 피해자 브라이언 톰슨은 두 아이의 아버지였습니다. 톰슨의 가족에게 이 사건은 불의입니다. 톰슨의 사망으로 유나이티드 헬스케어 보험 부문 업무에 차질이 생겨 고객에게까지 피해가 미치는 상황이 발생했다면 그 또한 불의였을 것입니다. 유나바머의 타깃은 지식 권력과 첨단 산업이었지만, 피해자 중에는 비서나 배달원, 평범한 컴퓨터 상점 주인이 있었습니다. 대안적 정의는 권력의 전복이지만, '우리'를 위한 정의일 뿐입니다. '당신'을 위한 정의인지는 치밀하게 고려되지 않아 불분명합니다.

매머드가 멸종하는 때

문제는 대안적 정의를 실현하고자 하는 사람들이 요즘 자주 보인다는 점입니다. 2021년 1월 6일 미국 국회의사당을 점거했던 사람들처럼 말이죠. 2020년 미 대선이 부정 선거였다며 음모론을 주장하는 세력이었습니다. 그들의 입장에서는 자신들의 의견이 제대로 반영되지 않은 선거는 정의롭지 않았습니다. 헌법 질서를 흔들지언정, 국회를 점거한 자신들이야말로 정의였습니다.

이번 미국 대선 기간에 발생했던 트럼프 피격 사건 또한 마찬가지입니다. 선거라는 시스템을 통해 트럼프의 집권을 막을 수 없다면, 총이라도 쏴야 한다는 논리가 대안적 정의입니다. 그 총알이 민주주의의 근간을 흔들어 버린다 할지라도 말이죠. 시스템의 전복을 꿈꾸는 대안적 정의는 이렇게 우리와 당신의 경계를 가르고 선언하며 선동합니다. 그리고 전복의 대상을 향한 공격이라면 폭력이라도 정당화합니다.

만조니는 미국의 '안티히어로'로 등극했습니다. 만조니 버전의 DDD 굿즈까지 판매되고 있을 정도니까요. 대안적 정의가 힘을 얻는 과정을 우리는 실시간으로 지켜보고 있습니다. 그래서 바꿀 것은 서둘러 바꿔야 합니다. 시스템의 무게와 크기에 압도되어 우물쭈물할 수 있는 시대가 아닙니다. 기후가 바뀌었습니다. 언 땅이 녹고 본 적 없는 것들이 들에서, 강에서 나타나기 시작합니다. 절망이 오래 묵어 썩어버리면, 그 땅에서 대안적 정의가 자라나는 시대가 시작됐습니다.

네덜란드에는 '닉센'이라는 문화가 있습니다. 잠시
게으름뱅이가 되는 시간이죠.

좋은 아이디어가 떠오를 때, 여러분은 어떻게 하시나요? 개인적인 것이라면 스마트폰을 꺼내 메모하실 수도 있겠고, 업무에 관련된 것이라면 상사에게 보고할 수도 있겠죠. 워드나 파워포인트 같은 프로그램으로 문서 형태로 정리해 팀원들과 공유하는 방법도 있겠습니다. 요즘엔 슬랙으로 간단히 공유하는 것이 트렌드일 테고요. 그런데 이 회사에서는 좀 다릅니다. 직접 펜을 들어 종이에 자기 생각을 맥락 있는 글로 적어야 합니다. 그다음 준비가 되면 함께 모여 글을 읽고 메모한 다음 토론합니다. 이 아날로그적인 회사의 정체는 바로 아마존입니다.

이러한 아마존의 문서 작성 과정을 자랑스럽게 소개한 사람은 다름 아닌 AWS(아마존 웹 서비스)의 CTO(기술 총책임자), 버너 보겔스입니다. 보겔스는 매년 12월, 다음 해의 기술 예측을 내놓습니다. 이것이 꽤 잘 들어맞아 업계에서는 보겔스를 추종하는 사람들도 적지 않죠. 2023년에는 생성형 AI가 인간의 문화저 맥락을 이해하게 되고, AI 어시스턴트가 개발자의 생산성을 새롭게 정의할 것이라 밝혔습니다. 관련된 발표가 구글과 오픈AI, 앤트로픽 등에서 올 4분기 쏟아져 나왔죠. 2022년에는 맞춤형 반도체의 시대를, 2021년에는 AI 지원 소프트웨어 개발 등을 예상했습니다.

그렇다면 2025년의 기술은 어떤 방향으로 뻗어나가게 될까요. 보겔스는 소형 모듈식 원자로(SMR) 기술을 중심으로 한 에너지 혁신, AI의 힘을 빌린 가짜 뉴스의 무력화, 재난에 대비하기 위한 분산형 시스템, 업무를 통한 사회적 영향력을 중요하게 생각하는 새로운 세대에 관해 이야기했습니다. 그런데 좀 생뚱맞은 이야기도 내놨어요. 이북 리더기나 mp3 플레이어와 같은, '첨단'과는 거리가 멀어 보이는 단순한 디바이스 쪽으로 기술 트렌드가 이동한다는 겁니다. 소비자의 몰입을 돕는 기술이 부상한다는 전망입니다.

사실, 어려운 것이 아닙니다. 펜으로 직접 글을 쓰고, 그 글을 돌려보며 토론하는 과정은 우리를 자연스럽게 몰입의 상태로 안내합니다. 회의 도중 스마트폰을 들어 이메일을 확인할 일도, 동료의 이야기를 들으며 소셜 미디어의 새로운 피드를 흘끗거리는 일도 없을 테니까요. 보겔스는 더 많은 조직에서 비슷한 전략을 채택할 것이라 이야기합니다. 깊은 사유와 비판적 사고를 촉진할 수 있도록 말이죠.

마음 챙김 음모론

한때 '마음 챙김(Mindfulness)'이라는 단어가 세계를 지배했습니다. 내 마음, 내가 챙기지 않으면 큰일 날 것처럼 모두 명상에 관심을 두고 마음 건강에 관한 지식을 쌓았죠. 하지만 이에 대한 비판도 있었습니다. 수많은 마음 챙김 강사들이 화려하게 포장하여 소비자들에게 팔고 있는 명상과 수행의 과정들을 한 꺼풀 벗겨보면, 그저 기본적인 집중 훈련일 뿐이라는 겁니다. 게다가 우리가 겪고 있는 고통의 원인을 이 사회의 정치와 경제 시스템 등에서 찾는 것이 아니라 개인 내부의 불균형에서 찾는 것이 과연 문제의 해결책이 되겠느냐는 비판도 있었죠.

마음 챙김은 문제의 원인이 우리의 내면에 있다고 이야기합니다. 개인이 달라져야 한다는 것이죠. 그런데 교묘한 알고리즘과 끊임없는 푸시 알림으로 우리의 주의를 끌어 돈을 벌고 있는 존재들이 분명 있잖아요. 구글, 페이스북(지금의 메타), 트위터(지금의 X), 애플과 같은 기업들 말입니다. 이런 기업들이 문제는 아닐까요? 샌프란시스코 주립대학 경영학과의 로널드 퍼서 교수는 마음 챙김 열풍이 이런 논의를 막아서고 있다고 지적합니다. 진짜 문제로부터 우리의 눈을 돌린다는 거예요. 철학자 슬라보예 지젝은 한술 더 뜹니다. 마음 챙김이 "글로벌 자본주의 패권을 위한 이데올로기"라는 겁니다. 정신없이 돌아가는 자본주의 시스템 속에서 제 역할을 하면서도, 정신이 멀쩡한 척할 수 있게 도와주는 이데올로기 말입니다.

요즘의 트렌드는 좀 달라졌습니다. 지금 혁신가들은 'Flow'를 이야기합니다. 흐름을 탄 상태, 몰입입니다. 몰입을 통해 생산성을 얼마나 극대화할 수 있는지, 몰입을 위해서는 어떤 식으로 책상을 배치하거나 업무 시간표를 짜야 하는지 강의하기도 하죠. 그런데 사실, 우리 모두 알고 있습니다. 마음 챙김이든, 몰입이든 정말 중요한 것은 스마트폰을 치워버리는 일이라는 것을요. 우리의 집중력을 도둑질해 가는 디바이스 말이죠.

디지털 Y2K?

2009년부터 2022년 사이 10대 청소년의 소셜 미디어 사용량이 급증하면서 정신 건강 문제가 불거졌죠. 틱톡은 사용자가 35분 만에 플랫폼에 중독될 수 있다는 내부 연구 결과를 폭로당한 일도 있습니다. 때문에 스마트폰을 금지하는 학교가 늘고 있고, '디지털 디톡스'라는 문화도 생겨났죠. 보겔스는 이러한 경향에 주목했습니다. 기술과의 관계를 재정립하고자 하는 소비자의 욕구가 변화를 이끌어 낼 것이라고 본 겁니다. 사용자의 주의를 끄는 것이 아니라 사용자의 의도를 실현하는 '목적 중심의 디바이스'의 도래입니다.

보겔스는 아주 기본적인 통화와 문자 기능을 중심으로 한 '미니멀 폰(The Minimal Phone)'을 예로 들었습니다. e-ink 흑백 디스플레이와 쿼티 키보드를 탑재한 단정한 모습의 이 제품은, 디지털 과부하로부터 벗어날 수 있는 '단순함'을 내세우고 있습니다. 또, 킨들(Kindle)과 같은 이북 리더기, 잡다한 기능 없이 촬영에만 집중할 수 있는 하이엔드 카메라, 메시지나 소셜 미디어의 푸시 알림에 방해받지 않고 음악을 감상할 수 있는 기기 등도 언급했죠. 이 모든 디바이스, 2005년쯤 제 가방 속에 있던 것들입니다. 카시오의 저렴한 디카, 아이리버의 mp3 플레이어, 당시 큰맘 먹고 직구했던 킨들까지. 물론 당시 제 휴대폰은 오로지 통화와 문자만 이용 가능한 피쳐폰이었죠.

정말 2025년에는 아이패드와 아이폰이 지고 이북 리더기와 mp3 플레이어가 부활할까요? 지금으로서는 상상이 잘 가지 않지만, 어떠한 방식으로든 새로운 기계가 등장할 겁니다. 수요가 있으면 공급이 있는 법이니까요. 하지만 신제품 출시를 기다려야만 할 필요는 없습니다. 보겔스는 일주일에 하루, 오후 시간 내내 스마트폰을 꺼 둔다고 합니다. 학술 논문을 읽거나 새로운 AWS 서비스를 구상하는 데에 집중하는 것이죠. 아마존의 창업자 제프 베이조스도 전문가들의 조언에 따라 인지 능력을 높이기 위해 기상 후 한 시간 동안은 스마트폰을 사용하지 않습니다.

사실 이런 습관은 유서 깊은 전통입니다. 네덜란드에는 닉센(niksen)이라는 문화가 있습니다. 잠시 게으름뱅이가 되는 시간이죠. 가만히 앉아 창 밖을 바라봐도 좋고 누워서 천장의 무늬를 쫓아도 좋습니다. 중요한 것은 몸뿐만 아니라 마음까지 자유롭게 하는 것입니다. 마음이 가고 싶은 곳으로 가도록 내버려 두면 됩니다. 비슷한 것으로 덴마크에는 '휘게'가 있고 스웨덴에는 '라곰'이 있습니다. 우리에겐 '멍때리기'가 있고요. 인류는 원래 몰입의 기술을 잘 알고 있습니다.

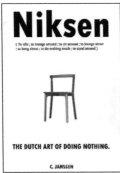

《Niksen: The Dutch Art of Doing Nothing(닉센: 아무것도 하지 않는 네덜란드의 예술)》이라는 제목의 책. 출처: 아마존

트럼프에게 관료는 집권 1기 전까진 '무능한 집단'이었고,
집권 1기에 '내부의 적'이 됐고, 2기를 앞두고는 '딥
스테이트'가 됐습니다.

"늪을 말려 버리겠다(Drain the swamp)." 2016년 미국 대선에서 도널드 트럼프가 내건 구호입니다. 여기서 늪은 연방 정부의 부패한 관료 집단입니다. 트럼프는 1970년대 뉴욕 맨해튼 부동산 개발에 뛰어들어 큰돈을 번 사람입니다. 당시 트럼프에게 사업의 최대 난관은 인허가권을 쥐고 있는 뉴욕시와 주 정부의 관료주의였습니다. 사업가 트럼프에게 공무원 조직은 현장 경험 없는 무능한 집단이었죠.

2017년 1월 트럼프는 제45대 미국 대통령에 취임합니다. 취임 1년이 지나도록 행정부 고위직 620명 중 241명만 임명합니다. 61퍼센트가 비어 있었죠. 트럼프 행정부 공석 사태의 원인을 두고 민주당이 인준을 방해했다거나 트럼프가 준비 없이 당선돼 인재 풀이 좁았다는 분석이 있지만, 트럼프의 관료 혐오도 한몫했습니다. 트럼프는 말했죠. "그 많은 일자리를 다 채우고 싶지 않다. 불필요하기 때문이다."

트럼프는 고위 공직을 비워 두면 자신의 정부 장악력이 강해질 거라고 믿었습니다. 그러나 뜻대로 되지 않았죠. 트럼프가 뭘 지시해도 관료들은 행정 절차를 들먹이며 따르지 않았습니다. 심지어 연방수사국(FBI)은 러시아의 미국 대선 개입 스캔들을 놓고 트럼프에 맞섰죠.

트럼프에게 관료는 집권 1기 전까진 '무능한 집단'이었고, 집권 1기에 '내부의 적'이 됐고, 2기를 앞두고는 '딥 스테이트(deep state)'가 됐습니다.

트럼프는 딥 스테이트의 조직적 방해 때문에 집권 1기가 난맥상을 드러냈다고 생각합니다. 선출되지 않은 관료들이 비밀 네트워크를 조직해 선출된 권력의 말을 듣지 않고 국정을 농단했다는 겁니다. 2기는 다를 겁니다. 무능한 집단으로 얕봤던 공무원들이 얼마나 막강한지 알게 됐으니까요. 트럼프는 2기 초부터 MAGA 기조에 동의하지 않는 연방 관료를 해고하고 그 자리에 MAGA 신봉자를 채워 넣을 준비를 하고 있습니다.

트럼프의 연방 정부 대수술을 집도할 곳은 정부효율부(Department of Government Efficiency, DOGE·도지)입니다. 정식 부처는 아닙니다. 의회의 동의 없이도 설치할 수 있도록 외부 자문 기구 형태로 발족할 예정입니다. 연방 정부의 예산이든 인력이든 낭비 요소를 찾아 트럼프에게 보고하는 조직인데, 트럼프는 이 조직의 공동 수장으로 테슬라 CEO 일론 머스크와 인도계 기업인 비벡 라마스와미를 지명했습니다.

작은 정부를 위한 십자군

트럼프가 도지의 수장으로 머스크를 앉힌 건 탁월한
선택이었습니다. 머스크가 올해 대선에서 트럼프 측에
3억 달러 가까이 투자했기 때문만은 아닙니다. 머스크는
트럼프보다 정부 규제에 할 말이 많은 사람입니다. 트럼프는
부동산 개발 정도를 했지만, 머스크는 전기차, 에너지, 우주
발사체, 통신 위성 사업에다 사람 뇌에 칩을 심는 사업, 도시
아래 터널을 뚫는 사업까지 거의 모든 연방 기관의 규제와
다퉈 왔으니까요.

2020년 12월 일론 머스크 테슬라 CEO가 악셀 스프링거가 주는 혁신
대상을 받기 위해 독일 베를린을 방문했다. 사진:Britta Pedersen-
Pool/Getty Images

　　게다가 머스크는 '제거'에 능합니다. 월터 아이작슨이
쓴 평전 《일론 머스크》를 보면 그가 제거에 얼마나 광적으로

집착하는지 알 수 있습니다. 머스크의 생산 철학 중 하나가
"부품이든 프로세스든 가능한 한 최대한 제거하라"입니다.
"나중에 10퍼센트 이상 다시 추가하지 않게 된다면 처음에
충분히 제거하지 않은 것"이라고도 합니다. 사람도 제거
대상입니다. 머스크는 2022년 트위터를 인수하고 직원
80퍼센트를 해고하죠.

비벡 라마스와미는 머스크보다 더 극단적입니다.
라마스와미는 2023년 공화당 대선 경선에 출마해 연방
공무원의 75퍼센트를 줄이겠다는 공약을 내놨습니다. 그는
'사고 실험'이라는 전제하에 이렇게 말합니다. "먼저, 사회
보장 번호가 홀수로 끝나는 공무원을 해고합니다. 남은 사람
중에서 사회 보장 번호가 짝수로 시작하는 사람을 해고하는
겁니다. 그럼 성차별, 인종 차별, 이념 차별 논란 없이
75퍼센트를 삭감할 수 있죠."

도지는 연방 정부의 지출 데이터를 실시간 분석하고
AI를 이용해 비효율적 지출을 감지할 계획입니다. 머스크와
라마스와미는 이런 기술적 과제를 해결할 최고의 인재를
접촉하고 있습니다. 접촉 명단에는 a16z의 공동 설립자 마크
안드레센, 팔란티어의 공동 창업자 조 론스데일, 우버 창업자
트래비스 칼라닉, 보링컴퍼니 CEO 스티브 데이비스, 테슬라

임원을 지낸 안토니오 그라시아스 등 머스크의 오랜 인연이
포진해 있습니다.

250번째 생일 선물

그럼, 도지는 연방 정부를 어떻게 개혁할까요. 머스크와
라마스와미는 2024년 11월 20일 '정부 개혁을 위한 도지의
계획'이라는 글을 《월스트리트저널》에 공동 기고합니다.
기고문은 미국의 건국 이념으로 시작합니다. "미국은
우리가 선출한 사람들이 정부를 운영한다는 기본 이념
위에 세워졌습니다. 그러나 오늘날 미국은 그렇게 작동하지
않습니다. 대부분의 법적 명령은 의회가 제정한 법률이
아니라 선출되지 않은 관료들이 만든 '규칙과 규정'으로
이뤄지고 있습니다."

두 사람은 기고문에서 도지의 세 가지 목표를
제시합니다. 규제 철폐, 행정 감축, 비용 절감입니다. 머스크와
라마스와미는 첨단 기술을 활용해 불법적인 연방 규제를
적발해 없애겠다고 말합니다. 물론 도지는 규제를 없앨
권한이 없습니다. 도지는 트럼프에게 수천 개의 연방 규제를
폐지해 달라고 요구하고, 대통령이 행정 조치를 통해 규제를

없애면, 그에 비례해 규제를 감독하는 공무원을 감축할 수 있다고 주장합니다.

머스크와 라마스와미는 워싱턴 기득권 세력의 반격에도 대비하고 있습니다. 대통령이 수천 개의 규제를 없애면 반대자들이 행정부의 월권을 주장할 것이라고 예측합니다. 그러나 두 사람은 이 같은 조치는 행정부의 월권이 아니라, 의회의 승인 없이 규칙과 규정으로 공포된 수천 개의 불법 규제를 철회하는 것이므로 오히려 행정부의 월권을 바로잡는 일이라고 주장합니다.

또한 둘은 트럼프가 연방 공무원이 주 5일 사무실에 출근하도록 요구하는 것과 같은 규칙을 부과할 수 있다고 했는데, 이를 통해 "우리가 환영하는 자발적 퇴직의 물결"이 일어날 수 있다고 했습니다. 머스크가 트위터에서 인원을 감축할 때 재미를 봤던 수법이죠. 현재 연방 공무원 230만 명 중 130만 명이 재택근무를 하는데, 이들은 평균 주 2일을 집에서 근무합니다. 이들에게 주 5일 사무실 출근은 삶의 환경이 뒤바뀌는 일이죠.

기고문에서 두 사람은 구체적인 연방 지출 삭감 대상도 미리 공개했습니다. 공영 방송 공사 예산 5억 3500만 달러, 국제기구 지원금 15억 달러, 진보 단체 보조금 3억 달러가 여기에 포함됐습니다. 도지의 활동 시한은 2026년 7월 4일, 즉 미국의 250번째 독립기념일까지입니다. 기고문은 이렇게 끝을 맺습니다. "미국의 250번째 생일에 건국자들이 자랑스러워할 연방 정부를 선물하는 것보다 더 나은 생일 선물은 없을 것입니다."

두 개의 판례

기고문에서 헌법은 네 번, 건국자는 두 번 언급됩니다. 머스크와 라마스와미는 도지의 활동이 법적 논란을 일으킬 수 있다는 사실을 분명히 인식하고 있습니다. 그래서 헌법과 건국자를 거론하며 법적 근거를 명확히 하려는 것으로 보입니다. 두 사람은 도지 개혁의 북극성은 미국 헌법이며, 특히 바이든 행정부 때 나왔던 두 가지 대법원 판결에 주목했다고 밝혔습니다. 두 판결이란 웨스트버지니아 대 환경보호청(2022) 사건, 로퍼 브라이트 대 레이몬도(2024) 사건입니다.

웨스트버지니아 대 환경보호청(EPA) 사건에서, 연방 대법원은 특정 규제에 대해 의회가 구체적으로 위임하지 않았다면 연방 기관이 광범위하게 해석해 권한을 행사할 수 없다고 판결했습니다. 그러면서 '중대 문제 원칙(major questions doctrine)'을 강조했습니다. 의회가 명확히 부여하지 않은 경제적·사회적으로 중대한 문제에 대해서는 행정 기관이 광범위한 권한을 행사할 수 없다는 원칙입니다.

　　　로퍼 브라이트 대 레이몬도 사건에서, 연방 대법원은 셰브론 원칙을 뒤집고 연방 기관의 포괄적·재량적 규제 해석을 인정하지 않았습니다. 셰브론 원칙이란 1984년 석유 회사 셰브론 대 천연자원보호협회 사건 때 생긴 판례인데, 의회가 어떤 사안을 명확히 규정하지 않았을 때 해당 분야의 전문성을 가진 연방 기관의 해석에 따라야 한다는 원칙입니다. 이 두 판례로 연방 기관의 규제가 의회가 명시적으로 승인한 범위를 넘어서진 않는지 재검토 대상이 될 수 있습니다.

　　　미국 연방 정부의 각 부처와 독립 기관이 발행한 행정 명령을 집대성한 미국 연방규정집은 1960년대에는 2만 쪽 분량이었습니다. 지금은 18만 쪽이 넘습니다. 그만큼 연방 정부가 비대해진 거죠. 예를 들어 환경보호청은 화석 연료 발전소에 2039년까지 탄소 배출량을 90퍼센트 감축하도록 하고, 그렇지 않으면 전력 공급을 할 수 없도록 규제합니다. 그런데 이런 법은 없습니다. 환경보호청이 셰브론 원칙에 따라 부과한 규제입니다.

환경, 에너지, 노동, 안전, 보건, 의료, 금융, 통신 등
연방 기관이 포괄적 권한을 근거로 광범위한 규제를 해왔던
분야들이 도지의 도전을 받게 될 수 있습니다. 도지는 불법적
규제 목록을 작성해 대통령에게 제출하고, 대통령은 행정
조치를 통해 해당 규제의 집행을 즉시 중단하고, 재검토 및
철회 절차를 밟을 수 있습니다. 이 규제를 되살리려면 의회가
법령을 재정비해 법에 규제 근거를 구체적으로 명시해야
합니다. 다시 말해 되살리기가 쉽지 않습니다.

연방 공무원이 정말 많은가

도지의 정부 개혁 프로세스를 정리하면 이렇습니다.
①불필요한 규제를 없앤다. ②사라진 규제를 담당하던
공무원을 해고한다. ③예산이 감축된다. 그런데 일감이
줄었다고 법적으로 신분이 보장되는 공무원을 어떻게
감축하겠다는 걸까요? 트럼프는 신분 보장이 되는 일반직
공무원을 신분 보장이 안 되는 정무직 공무원으로 전환한
다음, 해고하려고 합니다. 2020년 대선을 보름 앞두고
승인했던 행정 명령 '스케줄 F'를 재도입하려는 거죠.

트럼프의 스케줄 F는 2020년 대선에서 승리한 바이든이 2021년 1월 취임하자마자 즉각 폐기했는데, 트럼프 2기 때 재도입이 확실시됩니다. 트럼프는 좌파 공무원들의 조직적 방해로 집권 1기를 망쳤다고 생각하니까요. 미시간대학교 공공 정책 교수인 돈 모이니한에 따르면 최대 5만 명의 공무원이 스케줄 F로 재분류될 수 있습니다. 해고 1순위는 교육부 직원입니다. 트럼프는 공교육이 극좌파 광신도에게 넘어갔다고 생각하거든요.

여기까지가 도지의 논리입니다. 그럼, 이제 하나씩 따져 보겠습니다. 미국 연방 공무원은 230만 명으로 한국의 3배 수준입니다. 이게 정말 많은 수일까요? 최근 정치학자 프랜시스 후쿠야마는 머스크에게 공개서한을 보내 공무원 감축 계획을 비판했습니다. 후쿠야마는 "오늘날 미국 정규직 연방 직원 수는 1999년과 거의 같은데, 정부 예산은 그때보다 5배 이상 늘었다"고 지적합니다. 실제로 미국 연방 공무원은 인구 1000명당 7명으로, 한국 국가직 공무원(1000명당 15명)의 절반 수준입니다.

후쿠야마에 따르면 메디케어 및 메디케이드 서비스 센터는 전체 연방 정부 예산의 5분의 1인 1조 4000억 달러의 지출을 감독하지만, 정규직 직원은 6400명에 불과합니다.

이들은 수만 명의 의료 서비스 제공자를 평가하고 인증해 수천만 명의 미국인에게 적시에 보험료가 지급되도록 합니다. 만약 이 인원을 줄이면 메디케어 시스템에서 사기 행위가 늘어나 결국 예산이 더 낭비될 수 있습니다. 참고로 한국 국민건강보험의 연간 지출은 100조 원, 직원은 1만 6000명입니다.

	Average, 1974-2023	Percentage of GDP				Billions of dollars			
		Actual, 2023	2024	2025	2034	Actual, 2023	2024	2025	2034
Revenues	17.3	16.5	17.5	17.1	17.9	4,439	4,935	4,996	7,474
Individual income taxes	8.0	8.1	8.8	8.6	9.5	2,176	2,469	2,520	3,973
Payroll taxes	6.0	6.0	5.9	5.9	5.9	1,614	1,663	1,734	2,466
Corporate income taxes	1.8	1.6	2.0	1.7	1.3	420	569	494	551
Other	1.5	0.8	0.8	0.8	1.2	229	234	247	485
Outlays	21.0	22.7	23.1	23.1	24.1	6,123	6,517	6,768	10,032
Mandatory	11.0	13.9	13.9	13.9	15.1	3,742	3,908	4,061	6,298
Social Security	4.4	5.0	5.2	5.3	5.9	1,348	1,453	1,545	2,471
Major health care programs	3.4	5.8	5.6	5.5	6.7	1,556	1,574	1,619	2,781
Medicare	2.1	3.1	3.2	3.2	4.2	832	896	940	1,740
Medicaid, CHIP, and marketplace subsidies	1.3	2.7	2.4	2.3	2.5	724	678	679	1,042
Other mandatory	3.2	3.1	3.1	3.1	2.5	838	881	897	1,046
Discretionary	8.0	6.4	6.2	6.0	5.1	1,722	1,739	1,756	2,106
Defense	4.2	3.0	2.9	2.9	2.5	805	822	845	1,034
Nondefense	3.7	3.4	3.3	3.1	2.6	917	917	911	1,071
Net interest	2.1	2.4	3.1	3.2	3.9	659	870	951	1,628
Total deficit (-)	-3.7	-6.2	-5.6	-6.1	-6.1	-1,684	-1,582	-1,772	-2,557
Primary deficit (-)	-1.6	-3.8	-2.5	-2.8	-2.2	-1,025	-712	-821	-929
Debt held by the public at the end of each period	48.3	97.3	99.0	101.7	116.0	26,240	27,897	29,749	48,300

2024년 2월 미국 의회예산처(CBO)가 발표한 2024~2034 미국 연방 예산 및 경제 전망. 출처: CBO

지출을 어디서 줄이나

머스크는 연방 정부 지출의 30퍼센트를 삭감하겠다고 공언합니다. 2조 달러입니다. 400개가 넘는 연방 기관도

99개면 충분하다고 주장합니다. 그런데 연방 정부 세출 예산을 들여다보면 아무리 쥐어짜도 2조 달러 감축은 불가능해 보입니다.

2024 회계연도(2023년 10월 1일~2024년 9월 30일)에 미국 연방 정부는 6조 5000억 달러를 지출했습니다. 정부 지출은 크게 세 영역으로 나뉘는데, 의무 지출, 재량 지출, 부채 이자입니다. 먼저, 의무 지출은 법에 따라 반드시 지출해야 하는 비용입니다. 누가 정권을 잡든 자동으로 나가는 돈입니다. 사회 보장 연금(노령 연금), 메디케어(고령자 의료보험), 메디케이드(저소득층 의료보험) 등이 여기에 포함됩니다. 의무 지출은 3조 9000억 달러로 전체 예산의 60퍼센트를 차지합니다. 고령화 등 인구 구조 변화로 매년 증가하는 추세입니다.

다음은 재량 지출입니다. 1조 7400억 달러로, 전체 예산의 27퍼센트입니다. 매년 의회에서 승인을 받아야 하는 비용입니다. 여기서 국방이 절반을 차지하고, 나머지 절반이 교통, 교육, 고용, 주거, 농업, 환경, 과학 등 비국방 예산입니다. 마지막이 부채 이자입니다. 8700억 달러로, 13퍼센트 정도 됩니다. 미국 정부가 발행한 국채의 이자 비용입니다. 미국이 디폴트를 선언하지 않는 한 내야 하는 금액입니다. 부채가 늘면서 부채 이자 역시 증가세입니다.

　　머스크는 2조 달러를 줄이겠다고 했죠. 재량 지출 전체보다 많은 금액입니다. 목표를 달성하려면 교통, 교육, 고용, 주거, 농업, 환경, 과학 등 모든 기관을 없애야 합니다. 미군도 해체해야 합니다. 그래도 2600억 달러를 다른 곳에서 더 감축해야 합니다. 머스크가 아무리 '제거'에 능하다지만, 불가능한 일입니다.

　　다만 머스크는 2조 달러 삭감의 기간을 말하지는 않았습니다. 1년 기준인지, 2년 기준인지, 4년 기준인지 아직 모릅니다. 만약 트럼프 임기인 4년 기준이라면 연간 5000억 달러입니다. 2조 달러보다 한층 현실성 있는 목표지만, 여전히 재량 지출의 29퍼센트를 차지합니다. 행정부의 국정 철학과 정책 우선순위는 재량 지출에서 드러나는데, 재량 지출을 저만큼 깎으면 일을 할 수가 없습니다. 결국 의무 지출에도 손을 대는 수밖에 없습니다.

　　트럼프는 대선 기간에 사회 보장 연금과 메디케어는 건드리지 않겠다고 약속했는데, 저소득층 의료보험인 메디케이드에 대해선 언급하지 않았습니다. 현재로선 메디케이드가 예산 감축 대상이 될 수 있습니다. 코로나19 팬데믹 때 메디케이드의 이용 자격을 확대했는데, 이걸 되돌리는 거죠. 연방 정부의 낭비성 예산에 메스를 대겠다는 명분으로 시작한 일인데, 결국 저소득층의 의료보험 혜택이 줄어드는 이상한 결과에 이를 수 있습니다.

민주주의의 비용

게다가 실리콘밸리와 워싱턴은 효율이라는 용어의 정의부터 다릅니다. 머스크가 말하는 효율과 정부가 말하는 효율은 다릅니다. 머스크의 효율이 수익성과 투자 회수 기간 같은 성과 지표라면, 정부의 효율은 공공의 이익과 사회적 약자 보호입니다. 오히려 지나친 수익성을 경계하는 것이 정부의 효율입니다. 파괴적 혁신은 자기 고객만 생각하는 우버에서나 가능한 일입니다. 기존 택시 산업을 파괴하고 택시 기사에게 피해를 줘도, 내 고객에게는 도움이 되니까요.

　　　그러나 정부에는 고객이 없습니다. 대신 시민이 있습니다. 파괴적 혁신이 일어날 수가 없고, 일어나서도 안 됩니다. 정책 입안자는 뭔가를 파괴하고 새로 건설할 수 없습니다. 뭔가를 파괴할 때 이기고 지는 사람이 나타나기 때문입니다. 정부가 효율성보다 책임성, 투명성, 공정성, 다양성을 더 중요하게 여기는 이유입니다.

2016년 10월 백악관 프런티어 회의에서 오바마 대통령이 이런 말을 합니다.

"정부는 결코 실리콘밸리와 같은 방식으로 운영되지 않을 겁니다. 민주주의는 원래 복잡하고 어수선합니다. 미국은 크고 다양합니다. 복잡한 이해관계와 서로 다른 관점이 많은 나라입니다. 그런데 정부가 하는 일의 일부는 다른 사람들이 다루고 싶어 하지 않는 문제를 다루는 것입니다. 가끔 CEO들이 저에게 리더십에 대해 이야기하며 '우리는 이런 식으로 일합니다' 하고 말합니다. 그러면 저는 이렇게 말하죠. 제가 앱을 만들 때 그 앱을 가난한 사람이 살 수 있을지 걱정할 필요가 없고, 앱이 의도하지 않은 결과를 초래할지 걱정하지 않아도 되고, 시리아와 예멘 문제를 제쳐 둘 수 있다면, 당신들의 제안은 정말 훌륭하다고요. (웃음과 박수) 그렇다고 해서 정부에 개선이 필요하지 않다는 뜻은 아닙니다."

정부의 비효율성을 최소화하려는 노력은 물론 필요하지만, 정부의 비효율성은 포용성, 책임성, 그리고 민주주의라는 가치를 지키기 위한 비용으로 봐야 합니다. 다시 오바마의 말입니다.

"과학계, 기술계, 기업가 커뮤니티는 때때로 정부가

본질적으로 망가졌으니 시스템을 완전히 해체해야 한다고
말합니다. 아뇨. 그렇지 않습니다. 망가진 게 아니라 정부는,
이를테면 재향 군인을 돌봐야 할 뿐입니다. 그건 당신의
대차 대조표에는 없지만, 우리의 공동 대차 대조표에는 있는
것입니다. 우리는 재향 군인을 돌볼 신성한 의무가 있기
때문입니다. 이 일은 어렵고 복잡합니다. 우리는 기존 체계를
완전히 없애 버릴 수는 없습니다."

트럼프가 진짜 하고 싶은 것

요약하면, 연방 공무원 정원이 비대하다고 할 수 없고,
2조 달러나 되는 돈을 줄일 곳이 마땅치 않고, 비효율은
민주주의의 비용이기도 해서 도지의 연방 정부 개혁은
성공하기 어렵습니다. 여기에다 도지가 실패할 수밖에
없는 한 가지 이유를 더 추가하고 싶습니다. 바로 트럼프의
속내입니다.

    트럼프가 연방 정부 축소와 예산 절감을 외쳐서
작은 정부를 지향하는 것처럼 보이지만, 트럼프는 재정적
보수주의자가 아닙니다. 말은 그렇게 해도 행동으로는 오히려
큰 정부를 옹호하는 정책을 펴왔습니다. 적자 지출이나 재정

건전성에 대한 의식도 별로 없어 보입니다.

　　바로 며칠 전에 트럼프의 성향을 잘 드러내는 소식이
있었죠. 트럼프가 미국 의회에 부채 한도를 폐지하거나 적용
유예를 해달라고 요구했지만, 공화당 내 이탈표가 나오면서
결국 트럼프의 요구가 쏙 빠진 임시 예산안이 통과됐습니다.
미국 의회는 행정부가 빌릴 수 있는 돈의 한도, 즉 부채 한도를
정합니다. 거의 매년 1~2조 달러씩 적자를 보니까 부채가
계속 쌓이는데, 현재 부채 한도는 31조 4000억 달러입니다.

　　그런데 2025년 1월 20일 취임 첫날부터 트럼프는
할 일이 많습니다. 역사상 가장 강력한 반이민 정책을
예고했는데, 그러려면 국경 경비 강화에 큰돈이 들어갑니다.
가뜩이나 돈 들어갈 곳은 많은데, 대규모 감세를 예고한 터라
정부 수입은 줄어들 전망입니다. 결국 빚을 내는 수밖에
없습니다. 트럼프는 부채 한도에 구애받지 않고 빚을 내서
공약을 추진하려 합니다. 그러나 공화당 강경파들은 일부
MAGA 의원을 제외하고는 재정 건전선 면에서 트럼프와
큰 차이가 있습니다. 이들은 재정 지출 최소화를 강력하게
주장하는 재정적 보수주의자들입니다. 정부가 부채 한도를
올리고 싶으면 일단 지출부터 삭감해야 한다는 입장입니다.

　　트럼프는 집권 1기 때도 그랬습니다. 2017년

트럼프가 취임했을 때 미국 부채는 20조 달러였습니다. 트럼프 임기 4년간 28조 달러가 됐습니다. 4년 만에 무려 8조 달러가 늘었습니다. 역대 미국 대통령 중에서 국가 부채를 가장 빠르게 늘린 대통령입니다. 오바마는 9조 달러를 늘렸지만, 오마바는 임기가 8년이었죠. 트럼프는 집권 1기 때 대규모 감세 정책으로 세입은 줄이고, 코로나19 대응 경기 부양책을 쓰느라 세출은 크게 늘렸습니다.

종합하면, 트럼프는 연방 지출을 줄일 생각이 없습니다. 그런데도 연방 정부의 군살을 빼겠다고 하는 건 트럼프가 재정 건전성을 우려해서가 아닙니다. 작은 정부를 지향해서도 아닙니다. 연방 공무원을 겁박하는 겁니다. 스케줄 F로 재분류될 수 있는 공무원이 5만 명쯤이라고 했는데요, 5만 명을 다 해고하지는 않을 겁니다. 어차피 트럼프의 목적은 공무원 길들이기니까요. 수천 명 정도 해고해서 공직 사회를 긴장하게 만들고 고분고분하게 하는 정도에 그칠 수 있습니다.

그래서 도지의 결말은?

이제 마지막입니다. 그럼 도지의 개혁은 결국 어떻게 될까요.

저는 다음 전개를 예상합니다. 머스크는 밈을 제대로 쓸 줄 아는 천재적인 마케터입니다. 벌써 머스크는 도지의 엑스 계정을 개설하고 특유의 문화 전쟁을 벌이고 있습니다. "미국 정부는 납세자의 돈을 어디에 쓰나? 항문 주름을 인식하는 스마트 변기 연구에 690만 달러." 이런 게시물을 올리며 분위기를 띄우는 거죠. 트위터를 인수하고 대규모 구조 조정을 할 때도 썼던 수법입니다. 머스크는 밈을 퍼트리고, 우호 여론을 조성하고, 여론에 힘입어 원하는 바를 얻어 냅니다.

머스크는 연방 정부의 예산 낭비 사례를 밈으로 만들어 퍼트립니다. 도지의 엑스 계정이 개설 한 달 만에 팔로워가 벌써 245만 명인데, 본격 활동에 들어가 몇천 만 단위를 넘어서면 온라인상에서 우호 여론이 급격히 조성되겠죠. 그러나 연방 정부의 예산을 대폭 삭감하거나, 인력을 대폭 감축하는 건 앞서 소개했듯 물리적으로 불가능합니다. 법적 논란도 많고요. 게다가 트럼프도 본보기로 일부를 해고해 공직 사회를 길들이는 것이 목적이지, "You're all fired!"가 목적은 아닙니다. 이런 상황에서 머스크가 계속 연방 정부 해체 작업을 밀고 나가면 어떻게 될까요. 한 개인이 연방 정부와 맞서는 모습은

카타르시스를 줄 수 있습니다.

트럼프는 다른 사람이 자기보다 주목받는 걸 못 견디는 사람입니다. 지금이야 머스크가 트럼프 2기의 실세로 불릴 만큼 둘 사이가 각별하지만, 1년 뒤에도 그럴 거라고 장담할 수는 없습니다. 원래 앙숙은 절친이었다가 되는 거니까요. 온라인과 언론이 — 결코 달성할 수 없는 — 머스크의 정부 개혁에 관심을 기울일수록 트럼프의 심기가 점차 뒤틀릴 겁니다. 한 줄로 요약하자면, '자강두천' 끝에 연방 정부 개혁은 교육부 공무원을 일부 정리하는 선에서 끝날 공산이 큽니다.

더 강한 달러의 도래

트럼프가 승리한 까닭은 인플레이션입니다. 이걸 해결하기
위해 트럼프는 무엇이든 할 겁니다.

트럼프가 이겼습니다. 미국의 주류 언론 대부분이, 그리고
그 언론사의 기사를 받아쓰는 한국의 언론 대부분이 예상치
못했던 결과입니다. 하지만 현지 분위기는 좀 달랐습니다.
세계 최대 베팅사이트인 '폴리마켓(Polymarket)'이 점친
트럼프의 승리 가능성은 56퍼센트였습니다. 압승까지
예측하진 못했지만, 언론사 주관 여론 조사나 선거 결과
예측치보다는 훨씬 정확도가 높았죠. 내 돈 걸고 하는
도박에서 사람들은 솔직해졌습니다. 트럼프가 이길 것 같다고
말입니다.

2023년 12월 17일 미국 네바다주 리노에서 열린 유세 집회에서 도널드
트럼프 전 미국 대통령이 연설하고 있다. 사진: Justin Sullivan, Getty
Images

이유는 먹고사니즘입니다. 먹고 살기 팍팍해졌고,
때문에 미국의 시민들은 변화를 택할 수밖에 없었습니다.

고용 시장은 좋았습니다. 실업률은 사상 최저치를 찍었고, 사실상 완전 고용에 가까운 수준까지도 떨어졌죠. 문제는 물가였습니다. 인플레이션 때문에 생활비(cost of living) 압력이 너무 강해졌습니다.

무디스의 조사에 따르면, 미국의 평균적인 가구 월 지출은 조 바이든 대통령이 취임했던 2021년 1월 대비 1120달러 증가했습니다. 사치를 부려서가 아닙니다. 당시와 동일한 상품, 서비스를 구매한다는 가정하의 이야깁니다. 물론 임금도 올랐습니다. 소득도 거의 같은 수준으로 올랐거든요. 그럼 나아지진 않았어도 나빠지진 않은 것으로 생각하기 쉽습니다. 그런데 이건 중간은 가는 집의 얘깁니다. 물가는 모두에게 동일하게 오릅니다. 소득 증가는 그렇지 않습니다. 누군가는 물가 상승을 따라잡지 못한 채 궁핍해졌을 겁니다. 실제로 트럼프는 임금 상승이 물가 상승을 따라잡지 못한 지역에서 승리했습니다. 예를 들면 펜실베이니아 같은 곳 말입니다.

20! 50! 100 percent!

1980년, 지미 카터 전 대통령이 연임에 실패했습니다.

경제는 불황인데 물가도 고공행진을 하고 있었죠. 스태그플레이션이었습니다. 물가상승률과 실업률이 모두 10퍼센트를 넘어섰습니다. 그 뒤를 이은 것이 레이건 전 대통령입니다. "인플레이션은 노상강도처럼 폭력적이고, 저격수처럼 치명적이다"는 발언과 함께 취임한 레이건은 80년대를 풍요의 시대로 포장했습니다. 지금까지도 아주 많은 미국인이 당시를 그리워합니다.

도널드 트럼프 당선인은 인플레이션을 잡고, 레이건 신화를 다시 쓸 수 있을까요. 트럼프의 경제 정책은 세 가지 축을 기반으로 합니다. 세금 감면, 규제 완화, 관세 인상입니다. 이 중 관세 인상이 레이건 대통령과 차이를 보입니다. 레이거노믹스에서는 기본적으로 자유무역을 지향했습니다. 무역 확대가 경제 성장에 기여할 것으로 보고 장벽을 낮춘 것입니다. 트럼프는 생각이 다릅니다. 외국 물건을 사들여오는 것보다는 미국에서 만들어 쓰는 것이 좋다고 보는 것이죠. 보호무역주의, 고립주의입니다.

트럼프가 당선되지는 않을 것으로 예측했던, 혹은 희망했던 언론사들은, 이 때문에 비관적인 전망을 내놓기도 합니다. 트럼프는 유세 과정에서 관세를 두고 '아름답다(beautiful)'는 형용사를 썼죠. 적대국이든

우방국이든 트럼프에게는 관계없습니다. 모든 제품에
10~20퍼센트에 관세를 부과할 것이며 중국산 제품에는
60퍼센트, 멕시코산 자동차에는 500퍼센트에 달하는 관세를
부과하겠다고 엄포를 놓았습니다.

　　　가능할까 싶지만, 의외로 어느 정도는 가능합니다.
설령 주변에서 트럼프를 말린다 해도 말입니다. 미국의
법이 그렇습니다. 관세율은 의회가 정합니다. 그런데 미국의
통상법 232조는 대통령의 권한으로 관세율을 높이거나 수입
물량을 제한할 수 있도록 허용합니다. 물론, 조건이 있습니다.
외국산 수입 제품이 미국 국가 안보에 위협이 될 경우의
얘기입니다. 하지만 지난 2018년, 트럼프는 외국산 철강이
미국의 국가안보를 위협한다며 수입 철강 제품에 25퍼센트,
알루미늄에는 10퍼센트의 관세를 부과했습니다. 중국을
겨냥한 조치였지만, 당시 우리나라도 긴박하게 움직여야
했죠.

　　　이렇게 관세를 높이면 수입 물가는 상승하고, 이는
인플레이션을 더욱 심화할 것이라는 우려가 나옵니다.
1000원에 수입하던 철강을 1600원에 수입하면 가격은 당연히
높아질 수밖에 없을 테니까요. 하지만 정말 그런지 따져볼
필요가 있습니다.

트럼프는 가격을 올리기 위해 관세를 높이자는 것이 아닙니다. 중국산 쓰지 말고 미국에서 생산된 'MADE IN USA'를 쓰자는 것입니다. 수입하지 말자는 얘기죠. 비슷한 사례가 있습니다. 1930년대 미국의 스무트-홀리 관세법입니다. 당시 미국은 2만 개가 넘는 수입품에 높은 관세를 부과했고, 곧 전 세계도 이에 대해 보복 관세를 부과하면서 무역 장벽이 급격히 높아졌습니다. 당연히 국제 교역량도 급감했고요. 임금이 하락했습니다. 그리고 물가도 떨어졌습니다. 디플레이션입니다.

관세 인상이 반드시 인플레이션으로 이어지라는 법은 없습니다. 오히려 디플레이션을 유발했던 역사가 있는 겁니다. 경제 현상은 다양한 변수에 따라 흔들립니다. 러시아와 우크라이나의 전쟁이 발발한 직후, 국제 유가의 급등이 예상되었지만, 결과적으로는 그렇지 않았죠. 중국 경제 성장이 둔화하면서 수요가 줄었기 때문입니다. 전기차도 증가하고 있고요.

Make our planet great again

트럼프의 당선으로 전기차의 미래가 부정적일 것이라고

보는 시각이 많습니다. 물론, 일부 기업에는 그럴 겁니다. 멕시코에서 이른바 '택갈이'를 해 미국 시장에 전기차를 팔고자 하는 중국 기업들 말이죠. 하지만 미국 내에서 생산되는 미국산 전기차에 일부러 페널티를 줄 이유는 없습니다. 트럼프는 미국의 제조업을 살리는 것을 자신에게 맡겨진 지상 과제로 여기고 있으니 말입니다. 다만, 내연차에서 전기차로의 전환을 '환경적 이유'로 진흥하지는 않을 겁니다. 벤스 부통령 당선자는 지난 2023년, 친환경 차 구매보조금 폐지안을 발의하기도 했으니까요.

트럼프의 재집권과 함께 미국의 파리 기후 협정 '재탈퇴'도 예상됩니다. 공약으로도 내세웠습니다. 지키지 않을 이유가 없는 약속이니 지킬 겁니다. 첫 번째 탈퇴 때엔 전 세계적인 비난이 이어졌습니다. 다 함께 줄여야 할 탄소 배출량을 정해두고 함께 나누어 부담하자는 협정인데, 미국이 빠져버리면 나머지 국가들에 큰 부담이 됩니다. 미국은 세계에서 두 번째로 많은 양의 탄소를 배출하고 있습니다.

그런데 1기 때와는 상황이 좀 달라졌습니다. 이번 주에 열리는 제29차 유엔기후변화협약 당사국총회(COP29)만 봐도 확연히 드러납니다. 올라프 숄츠 독일 총리, 에마뉘엘 마크롱 프랑스 대통령, 우르줄라

폰데어라이엔 EU 집행위원회 위원장까지. 당연히 참석해야
할 것 같은 사람들인데 모두 불참입니다.

어려운 시기입니다. 정치적으로도, 경제적으로도
말입니다. 올라프 숄츠 총리는 '신호등' 연정 붕괴로 지지
기반을 잃었습니다. 올해가 가기 전 조기 신임투표를 할
수도 있습니다. 프랑스의 마크롱 대통령은 이미 지난 2024년
7월 치러진 조기 총선에 참패하며 극우파 총리와 불편한
이인삼각을 시작했죠. 독일도 프랑스도 탄소 걱정을 할
여력이 없습니다. 마크롱은 지난 2017년 트럼프 대통령이
파리 기후 협약 탈퇴를 선언한 직후 "우리 지구를 다시
위대하게(Make our planet great again)"라는 연설로 수많은
찬사를 받았던 일이 있습니다. 하지만 이번에 트럼프 당선
확정 이후 축하 전화 통화에서는 탄소에 관한 이야기는 일절
꺼내지 않았죠. 즉, 환경 정책 후퇴는 트럼프 재집권으로부터
비롯되는 것이 아닙니다. 서구 대다수의 국가가 공범이 되어
환경 시계를 거꾸로 돌리고 있을 뿐입니다.

트럼프는 화석 연료 예찬자가 아닙니다. 지구
온난화가 인류의 탓이 아니라 늘 있었던 자연 현상의 일부라
생각할 뿐입니다. 즉, 해결해야 할 문제로 보지 않는 겁니다.
그러니 화석 연료가 더 값이 싸다면 사용하지 않을 이유가

없다고 봅니다. 저렴한 에너지원으로 에너지 비용을 낮출
수 있다면 물가도 잡을 수 있을 겁니다. 인플레이션을 잡을
비책으로 화석 연료가 꼽히는 이유입니다.

Not permitted under the law

트럼프는 화석 연료만 풀지 않을 겁니다. 돈도 풀 겁니다.
트럼프의 공약이 그대로 실현된다면, 향후 10년간 미국 연방
재정적자는 7조 5000억 달러에 이를 것으로 전망됩니다.
인플레이션도 자극할 수 있습니다. 결국, 미국 중앙은행이
금리를 낮추기 어려워질 겁니다. 지금보다 금리를 더 올려야
할 수도 있습니다.
        기준 금리를 결정할 권한은 연준에 있습니다.
그리고 파월 연준 의장은 트럼프의 해고 위협에도 의연한
모습이고요. 기자의 질문에도 '법적으로 (트럼프에게) 그럴
권리가 없다'며 단호했습니다. 그러니 트럼프가 금리를
아무리 내리라고 닦달해도 파월은 시장 상황에 맞게 대처할
겁니다. 트럼프로서는 '오히려 좋은' 상황이 될 수 있습니다.
안되면 파월 탓, 잘되면 내 덕분이라 이야기할 수 있겠죠.
다만 미국이 금리를 인하하지 않으면, 혹은 미국의 금리가

높아지면 전 세계가 감당해야 할 후폭풍이 만만치 않습니다.

　　　미국 국채는 안전 자산입니다. 여기 투자하면 이자를 더 쳐준다는데, 투자하지 않을 이유가 없습니다. 달러의 가치가 올라갑니다. 환율이 오르는 겁니다. 세계 경제 전망이 좋지 않으면 달러화가 오르는 것도 같은 이유입니다. 그런데 때때로 달러화가 오르면 세계 경제가 주저앉기도 합니다. 2023년도에 발표된 IMF의 보고서에 따르면, 달러 가치가 연 10퍼센트 상승할 때 신흥국 생산량이 1.9퍼센트 포인트 감소합니다.

　　　전 세계 무역 거래의 40퍼센트 이상이 달러화로 이루어집니다. 즉, 세계 경제의 운명이 트럼프 손에 달렸습니다. 지금 미국에서는 기현상이 일어나고 있습니다. 미 연준이 기준 금리를 지난 2024년 9월과 11월에 두 차례 인하했지만, 시장 금리는 거꾸로 오르고 있거든요. 시장은 이미 트럼프 시대의 재정 적자와 인플레이션을 예견하고 있다는 증거입니다. 관세나 이민 정책, 탈탄소 후퇴 등도 영향력이 만만치 않겠지만, 무엇보다 아주 높은 확률로 닥쳐올 '강달러 시대'가 무섭습니다. 이걸 견뎌낼 체력이, 우리에게 있는지 점검이 필요합니다.

The second Trump's world

트럼프 2기는 훨씬 매워져서 돌아올 겁니다. 트럼프는 자신을
거역하지 않는 사람들만 주변에 두겠다고 약속했으며,
공화당은 트럼프의 사당으로 전락했죠. 트럼프를 막아설 것이
아무것도 없습니다. 1기 때와는 확연히 달라졌습니다.

트럼프를 승리로 이끈 것은 인플레이션입니다.
이걸 해결하기 위해 트럼프는 무엇이든 할 겁니다. 물가를
잡지 못하면 어떤 방식으로든 소득을 늘려서라도 먹고
사는 문제를 해결할 겁니다. 물론, 미국의 먹고사는 문제
말입니다. 그 여파로 전 세계에 디플레이션이 덮쳐와도, 기후
정책이 후퇴해도, 신흥국의 생산량이 떨어져도 트럼프는 눈
하나 깜짝하지 않을 겁니다. 관심이 없으니까요. 트럼프가
실패할 것이라는 예상은 이제 소용없습니다. 트럼프가 몰고
올 미래를 냉정하게 바라볼 시간입니다. 태풍이 저 멀리
보입니다.

시대가 요구하는 지식의 형태는 따로 있습니다.

브리태니커가 IPO를 예정하고 있습니다. 기업 가치 10억
달러가 목표입니다.

요즘 궁금한 것이 생기면 어떤 방식으로 해결하시나요? 일단 구글 검색부터 시작하는 분이 많을 것 같습니다. 나무위키나 위키피디아를 이용하실 수도 있겠고, 챗GPT나 퍼플렉시티 같은 AI 서비스에 질문하실 수도 있겠네요. 대개 쉽고 간단하게, 단 몇 초 만에 답을 얻으셨을 겁니다. 책장에서 두꺼운 백과사전을 꺼내 보던 시절과는 비교도 안 되는 지식 접근성입니다.

언뜻 생각해도 백과사전은 21세기에 어울리는 물건이 아닙니다. 지식을 한데 모아놓은 책이라니, 언제든 원하는 정보에 접근할 수 있는 시대에는 가치가 있을 리 없습니다. 그런데 한 백과사전 브랜드가 기업 공개(IPO)를 준비하고 있습니다. 그것도 기업가치를 10억 달러로 평가받는 것이 목표입니다. 바로 《브리태니커 백과사전》입니다.

좀 엉뚱한 소식 같지만, 그렇지 않습니다. 브리태니커는 이미 AI 기업이기 때문입니다. 갑자기 환골탈태한 것이 아닙니다. 브리태니커는 착실히 시대에 적응해 왔습니다. 가죽 양장본에 금박으로 제목이 적힌, 호사스러운 모습의 백과사전 전집은 이미 2012년을 끝으로 발행이 중단되었습니다. 대신 웹사이트를 통해 《브리태니커 백과사전》과 《메리엄-웹스터 사전》을 서비스하고 있습니다.

학교나 도서관 등을 대상으로 교육 소프트웨어도 판매하고 있죠. 그리고 이 모든 것이 자리 잡기도 한참 전인 지난 2000년, 이스라엘 기반의 AI 기업인 '멜린고(Melingo)'를 인수했습니다. 자연어 처리와 머신 러닝에 강점이 있다고 합니다. 현재 브리태니커는 시카고와 텔아비브에 각각 AI 기술팀을 운영하고 있습니다.

영어라는 언어의 장벽이 있기는 하지만, 직접 사용해 보면 브리태니커의 AI는 꽤 쓸만합니다. 무엇보다, 결과를 신뢰할 수 있겠다는 생각이 듭니다. 답변의 출처가 다름 아닌 '브리태니커'니까요. 브랜드가 갖는 권위 때문일 수도 있겠습니다만, 항목마다 표시되는 저자의 이름과 브리태니커 에디터가 팩트 체크를 수행했다는 안내가 결정적입니다. 전형적인 백과사전의 문법이죠.

시대를 정의한 사전

브리태니커가 역사상 가장 위대한 백과사전은 아닐지도 모릅니다. 아마도 많은 학자가 1751년 처음으로 출간된 프랑스의《백과전서(L'Encyclopédie)》를 꼽을 테니까요. 실제로《백과전서》는 대단한 책이었습니다. 장장 22년 동안

편찬 작업이 이루어졌고, 당시 숙련된 장인의 일 년 치 수입과 맞먹는 가격이었습니다. 그러나 이 책의 가치는 숫자로 이야기할 수 있는 것이 아닙니다.

시작은 단출했습니다. 돈을 좀 벌어볼 심산으로 번역서를 내자는 것이었죠. 1727년 영국에서 발간된 에프라임 체임버스의 《백과사전(Cyclopaedia)》이 꽤 잘 팔렸습니다. 그냥 잘 팔린 수준이 아니라 소위 '대박'을 쳤습니다. 발간된 지 15년이 지난 후에도 네 번째 판을 찍을 정도였으니까요. 이걸 한 출판사에서 프랑스어로 번역해 출판하기로 합니다. 그리고 번역을 감수하기 위해 고용된 책임자가 장 르 롱 달랑베르와 드니 디드로였습니다.

그런데 작업을 하다 보니 디드로에게는 욕심이 좀 생겼던 것 같습니다. 어쩌면 디드로에게 체임버스의 《백과사전》은 좀 지루했을지도 모르겠습니다. 산업혁명 시기를 맞이하면서 쏟아져나온 새로운 분야와 지식, 정보를 소개하는 책이었거든요. 우리가 흔히 생각하는 백과사전의 역할에 충실했죠. 그런데 디드로는 그런 책에 만족할 만한 사람이 아니었습니다. 디드로는 판을 뒤집는 사람이었기 때문입니다.

시대가 그런 시대였습니다. 국왕의 권한은 신이

내린 것이라는 '왕권신수설'에 반기를 드는 시대 말입니다.
종교의 관점이 아니라 인간 이성의 관점으로 세계를 바라보는
이단아들이 출현하기 시작했습니다. 디드로도 그런 사람 중
하나였죠. 조심스럽지만, 명백하게 《백과전서》에도 새로운
시대를 향하는 사람들의 생각이 담겼습니다.

　　　예를 들어 '무지(ignorance)' 항목을 살펴보죠.
《백과전서》는 무지의 원인을 인간에게서 찾습니다. 사유가
부족해서, 충분히 성찰하지 않아서 무지가 발생한다는
것입니다. 즉, 무지란 인간이 벗어나기 위해 노력한다면
충분히 벗어날 수 있는 것입니다. 신의 뜻에 따라 인간의
운명이 결정된다는 과거의 믿음으로는 상상도 할 수 없는
'철학적' 정의입니다. 디드로와 각 항목의 저자들은 새로운
시대의 지식이 어떠해야 하는지, 그 청사진을 그렸습니다.

지식을 세일즈한 사전

똑같은 단어 하나를 두고 어제와 오늘의 정의가 달라질 수
있다는 사실을, 《백과전서》는 적나라하게 보여 줬습니다.
새로운 기술에 관한 설명 또한 아주 자세히 풀어냈습니다.
어제에는 없던, 미래를 만드는 기술입니다. 현재의 신념을,

권위를 의심할 수 있는 실마리가 되었습니다. 그리고 그 의심은 쌓이고 쌓여 인간 이성을 바탕으로 새로운 시대를 열 수 있다는 결심이 되었습니다. 1789년, 프랑스 대혁명입니다.

반면, 1768년부터 출간을 시작한 《브리태니커 백과사전》은 소박한 목표를 세웠습니다. 《백과전서》의 성과에 고무되어 제작에 착수하기는 했지만, 판을 뒤집겠다는 야망과는 거리가 멀었죠. 편찬자 스콧 윌리엄 스멜리는 독학으로 지식을 쌓은 사람이었습니다. 스멜리에게 백과사전의 목적은 분명했습니다. "유용성은 모든 출판물의 주된 의도가 되어야 합니다. 이 의도가 분명하게 드러나지 않는다면 그 책은 인류의 인정을 받을 자격이 없습니다."

스멜리가 서문에서 밝힌 것처럼 《브리태니커 백과사전》은 세상을 바꾸려는 의도로 출판된 책이 아니었습니다. 지식이 유용하게 쓰일 수 있도록 실용성을 극대화했죠. 초판이 나쁘지 않은 판매 실적을 보였고, 내용을 보강한 두 번째 판은 성공적이었습니다. '대영 제국'의 자긍심을 한껏 담은 '브리태니커'라는 이름은 미국에 해적판으로 소개되기에 이릅니다. 잘 팔리니 투자도 늘어났죠. 선순환을 거듭하며 《브리태니커 백과사전》은 시대의 지식인들로부터 찬사를 받게 됩니다. 20세기 과학계의

거장으로 꼽히는 물리학자 리처드 파인만도 브리태니커의
팬이었다고 하죠.

하지만 브리태니커가 기억에 오래 남는 브랜드로
자리 잡은 까닭은 특유의 세일즈 기법 때문입니다. 바로
'방문 판매' 전략인데요, 동네 서점에서 구입하기에는 덩치도
금액도 컸던 《브리태니커 백과사전》은 방문 판매원들의
활약으로 급속히 보급됩니다. 판매원들은 별도 월급 없이
판매 수수료만으로 생계를 유지했습니다. 때문에 '일단
집에 들어간다'는 원칙에 따라 때로는 비굴하게, 때로는
강압적으로 백과사전을 홍보했습니다. '이 정도는 갖고
있어야 자녀가 뛰어난 성적을 거둘 수 있다'는 설득부터 '이
거실 책장에 브리태니커가 꽂혀 있어야 이 집안의 품격이
드러난다'는 식의 지적 허영 자극까지 총동원됐죠.

덕분에 브리태니커는 20세기 중산층의 상징과 같은
책이 되었습니다. 그 대부분은 인테리어 소품으로서의 소임에
충실했겠지만, 일부는 어느 평범한 가족과 이 세계의 지식을
이어 주는 선으로 작동했습니다. 프랑스의 《백과전서》는 두
번째 판이 출간될 수 없었지만, 브리태니커는 판을 거듭하고
거듭했죠. 지식을 상품으로 포장했고, 적극적으로 판매했기
때문입니다. 어쩌면 브리태니커야말로 지식을 '소비자'에게

돌려준 백과사전일지 모릅니다. 어떤 소임 때문이 아니라
지극히 자본주의적인 동기로, 소비자의 시대를 잘 읽어 낸
결과였습니다.

인간이 쓴 지식의 가치

21세기의 브리태니커는 250년의 역사 이외의 어떤 가치를
가질 수 있을까요? 사실, 브리태니커는 스스로의 가치를
성과로 증명하고 있습니다. 팬데믹을 기점으로 증가한
온라인 학습 도구에 대한 관심이 기회였습니다. 2년 전 1억
달러였던 매출은 두 배 가까이 증가할 전망이고, 영업 이익도
45퍼센트에 이릅니다. 2024년 1월 IPO 관련 서류를 제출했고,
지금은 상장 시기를 보고 있는 단계입니다. 금리 인하 기조가
뚜렷해지는 2025년에는 좋은 시기가 오겠죠.

하지만 그것만으로는 부족합니다. 백과사전은
시대에 맞는 지식의 형태를 제시해야 할 의무가 있습니다.
그래야 선택받고, 단순한 지식 이상의 가치를 가집니다.
브리태니커가 그저 참고서에 그치는 존재라면 10억 달러라는
가치는 IT 버블처럼 허무한 숫자가 되고 말겠죠.

저는 브리태니커의 가치를 '믿을 만한' 지식에서

찾을 수 있지 않을까 생각합니다. 구글 검색을 통해 발견한 블로그의 정보, 위키피디아로 대표되는 인터넷 백과사전, 환각 현상을 아직 해결하지 못한 생성형 AI 모델까지 그 어느 것 하나 우리에게 '보증'이나 '책임'을 이야기하지 않습니다. 오히려, 제공하는 지식이 사실과 다를 수 있음을 끊임없이 경고하죠. 그럴듯한 이야기와 믿을 만한 지식 사이의 경계가 갈수록 흐릿해지고 있습니다.

이러한 불확실성의 시대는 누군가 악의를 갖고 만든 것이 아닙니다. 오히려 대의를 갖고 만든 것에 가깝죠. 1980년대 중반, 마이크로소프트는 '엔카르타'라는 웹 기반 백과사전 제작에 돌입합니다. 큰돈과 대단한 학자들이 투입됐죠. 엔카르타에 권위와 상품성을 부여하기 위해서였습니다. 지식의 독점을 위해서였죠. 어느 정도는 성공했습니다. 엔카르타에 밀린 브리태니커는 1996년 매각되고 혹독한 구조 조정을 겪게 됩니다. 브리태니커의 상징과도 같았던 방문 판매 조직도 이때 해체됩니다.

하지만 2009년, 엔카르타는 시장에서 사라지고 맙니다. 위키피디아의 등장 때문이었습니다. 중앙에 집중화된 힘을 개인에게 분산시키면 개인이 진정한 자유를 얻을 수 있을 것이라는 믿음, '테크노 유토피아(Techno-Utopia)'에 대한 희망에 근거한 21세기의 백과사전 말입니다.

하지만 위키피디아는 책임질 수 없는 지식의 시대를 열었습니다. 누가 쓴 것인지도 알 수 없는 정보들이 인용 혹은 표절되어 과제물이 완성됩니다. 심지어는 논문이 되기도 하고요. 지식이 편견과 오류로 왜곡되어 있어도 누군가 이의를 제기하지 않으면 수정될 방법이 없습니다.

브리태니커는 다릅니다. 각 항목을 누가 썼는지, 이 사람의 학술적인 경력은 어떠한지, 전문 분야가 무엇인지 확인할 수 있습니다. AI를 활용한다고는 하지만, 서술된 내용은 브리태니커 편집진이 사실 여부를 검토합니다. 편집진의 얼굴과 이름, 경력도 모두 공개되어 있습니다. 그러니까, 브리태니커의 가치는 사람에게서 나옵니다. 얼굴과 이름을 가진 사람 말입니다. 결국, AI보다 불완전할 수밖에 없는 사람의 개입이 신뢰를 만든다는 얘기입니다.

《백과전서》가 전복의 시대를 만들었고, 《브리태니커 백과사전》이 소비자의 시대를 상징했듯 지식을 집대성한 플랫폼은 시대에 맞는 역할을 해야 합니다. 브리태니커가 주식 시장에서 원하는 만큼의 가치를 평가받을 수 있을지는 아직 알 수 없습니다. 하지만 21세기의 브리태니커가 책임질 수 있는 지식, 믿을 만한 지식의 가치를 증명했으면 합니다.

AI는 사람이 필요 없는 기계 학습으로 여겨지고 있지만, 실제로 이 기술은 지구 남반구에 퍼져 있는 인력의 노동 집약적 노력에 의존하고 있습니다. 레베카 탄(Rebecca Tan)과 레지네 카바토(Regine Cabato)가 썼습니다. 레베카 탄은 《워싱턴포스트》의 동남아시아 국장입니다. 레지네 카바토는 《워싱턴포스트》 동남아시아 지국의 마닐라 리포터입니다.

칙칙한 인터넷 카페, 터질 것처럼 빽빽한 사무실, 그것도 아니라면 집에서 그들은 방대한 데이터에 주석을 답니다. 이 데이터로 미국 기업들이 인공지능 모델을 학습시킵니다. 그들은 자율주행 알고리즘을 개발하는 데 사용되는 동영상에서 보행자와 야자수를 구분하고, AI가 정치인과 셀럽들의 모습을 생성할 수 있도록 이미지에 라벨을 붙이고, 챗GPT 같은 언어 모델이 횡설수설하지 않도록 텍스트 덩어리를 편집합니다.

필리핀의 인터넷 카페. AI 모델을 위해 데이터를 분류하고 라벨을 붙이는 작업자들이 이곳을 찾는다. 사진: 《워싱턴포스트》, Martin San Diego

필리핀 정부의 비공식적인 추산에 따르면 200만 명이 넘는 필리핀 국민이 온라인상 불특정 다수를 모집해 작업을 맡기는 크라우드워크(crowdwork)를 수행합니다. 이 작업은 AI를 움직이는 광대한 하부 구조의 일부입니다. AI는 사람이 필요 없는 기계 학습으로 여겨지고 있지만, 실제로 이 기술은 지구 남반구에 퍼져 있는 인력의 노동 집약적 노력에 의존하고 있습니다. 이들은 착취의 대상이 되기도 하죠.

AI 도구의 기반이 되는 수학적 모델은 대규모 데이터 세트를 분석하면서 더욱 스마트해지는데, 그러려면 데이터 세트가 정확하고 정밀하며 가독성이 높아야 합니다. 저품질 데이터는 저품질 AI를 낳습니다. 그래서 대규모의 사람들이 일일이 클릭해 가며 로데이터를 AI의 원료로 변환하고 있습니다. 근로 기준도 없이 말입니다.

필리핀은 세계 최대의 디지털 아웃소싱 국가 중 하나입니다. 미국 샌프란시스코에 본사가 있는 AI 스타트업 '스케일 AI(Scale AI)'는 회사 밸류가 70억 달러인데, 이 회사는 '리모태스크(Remotasks)'라는 온라인 작업 플랫폼을 운영하고 있습니다. 여기서 일했던 직원에 따르면 필리핀에만 최소 1만 명이 리모태스크에서 크라우드워크를 수행하고 있습니다.

근로자와의 인터뷰, 회사 내부의 메시지와 지급 기록, 재무제표에 따르면 스케일 AI는 근로자에게 극도로 낮은 요율로 보상을 지급하고, 지급 지연이나 보류도 일상적으로 이뤄졌습니다. 또한 근로자가 구제받을 수 있는 채널도 거의 제공하지 않았죠. 인권 단체와 노동 연구자들은 스케일 AI가 해외 근로자에 대한 기본적인 노동 기준을 준수하지 않는 수많은 미국 AI 회사 중 하나라고 이야기합니다.

　　인터뷰에 응한 36명의 전·현직 프리랜서 근로자중에서 두 명을 제외한 모든 사람이 작업을 완료한 후 플랫폼으로부터 대금 지급이 지연되거나 삭감, 또는 취소된 적이 있다고 답했습니다. '작업자(tasker)'로 불리는 근로자들은 최저 임금(지역에 따라 하루 6~10달러)보다 훨씬 낮은 임금을 받는 경우가 많았고, 어쩌다 최저 임금보다 더 많이 벌기도 한다고 말했습니다.

　　메타, 마이크로소프트 같은 기업과 챗GPT를 개발한 오픈 AI 같은 AI 스타트업을 고객으로 두고 있는 스케일 AI는 웹사이트에서 "생활 임금 수준의 보상을 지급하는 것을 자랑스럽게 생각한다"고 밝히고 있습니다. 스케일 AI의 대변인 안나 프랑코는 성명에서 리모태스크의 보상 시스템은 근로자의 피드백을 바탕으로 "지속적으로 개선"되고 있으며, "지급 지연이나 중단은 극히 드물다"고 말했고요.

　　그러나 《워싱턴포스트》가 2023년 7월 리모태스크의 내부 메시지 플랫폼에 접속했을 때는 감독관으로부터 지급이

늦어지거나 누락됐다는 알림을 받는 일이 흔하게 벌어지고 있었습니다. 일부 프로젝트에서는 한 달에 여러 건의 공지가 있었죠. 때때로 감독관은 작업이 부정확하거나 지연됐기 때문에 대금 지급을 보류한다고 통보하기도 했습니다. 아예 아무 설명이 없는 경우도 있었고요. 미지급금을 받아 보려는 시도는 소용이 없었고, 심지어 계정이 비활성화되는 상황까지 발생했다고 근로자들은 이야기합니다.

23세인 차리시는 2달러를 벌 수 있다는 작업에 4시간을 투자했는데, 리모태스크에서 30센트를 받았다고 말했습니다.

26세인 재키는 50달러를 벌 수 있으리라 생각한 프로젝트에서 3일간 일했지만, 12달러를 받았다고 말했습니다.

36세인 벤츠는 150달러 이상을 벌어 놓은 상태에서 갑자기 플랫폼에서 쫓겨났는데, 그 돈을 받지 못했다고 말했습니다.

25세인 폴은 3년간 리모태스크에서 일하면서 얼마나 많은 돈을 뜯겼는지 셀 수 없을 정도라고 말했습니다. 리모태스크에서 일하는 다른 프리랜서들과 마찬가지로 폴 역시 플랫폼에서 강퇴당하지 않기 위해 이름만 공개하는 조건으로 이야기를 들려줬습니다. 폴은 대학 졸업 이후인 2020년부터 풀타임으로 '작업'을 시작했다고 합니다, 한때는 AI 개발을 돕는다는 사실에 들떴지만, 요즘은 수입이 너무 적어 당혹스럽다고 말했습니다.

우리는 폴을 민다나오섬 북부 카가얀데오로의 한 커피숍에서 만났습니다. 그는 자신을 손을 응시하며 이렇게 말했죠. "AI에 관한 모든 것에 엄청난 예산이 투입된다는 걸 알고 있어요. 하지만 우리한테까지는 조금도 흘러내리지 않죠."

지금까지 AI에 대한 윤리적, 규제적 논쟁의 대부분은 AI의 편견 성향과 허위 정보 등으로 인해 악용될 가능성에 초점을 두고 있었습니다. 그러나 AI 기술을 생산하는 기업들은 노동 착취의 새로운 지평을 열고 있다고 연구자들은 말합니다.

필리핀의 디지털 노동을 연구하는 셰릴 소리아노 라살대학교 교수는 리모태스크 같은 마이크로 태스킹 플랫폼이 남반구 사람들을 프리랜서로 고용할 때 최저 임금이나 공정 계약 같은 노동 규정을 회피하고 자체적으로 정한 약관을 선호한다고 이야기합니다. "결국 표준이 전혀 없는 것"이라는 지적입니다.

필리핀의 AI 윤리학자 도미닉 리곳은 이러한 새로운 작업장을 '디지털 노동 착취 작업장(digital sweatshops)'이라고 불렀습니다.

《워싱턴포스트》의 탐사 보도를 접한 필리핀 정부 관계자들은 놀라워하면서도 이 플랫폼을 어떻게 규제해야 할지 잘 모르겠다고 말했습니다. 기술 산업을 규제하는 정보통신기술부는 마이크로 태스킹 플랫폼에서 근로자들이 돈을 얼마나 벌고 있는지 모른다고 말했고요. 정보통신기술부 장관 이반 존 위는 데이터에 주석을 붙이는 일(data annotation)은 "비공식 부문"이라면서 "규제로 보호하는 메커니즘이 존재하지 않는다"고 말했습니다.

해외 전초 기지

2016년 대학을 중퇴한 젊은이들이 설립해 6억 달러의 VC 투자를 받은 스케일 AI는 AI 패권 경쟁에서 미국의 노력을 대변하는 챔피언으로 자리매김했습니다. 스케일 AI는 대규모 기술 회사를 고객사로 두고 있을 뿐만 아니라 미국 국방부와도 수억 달러짜리 계약을 맺고 데이터 라벨링 작업을 하죠. 스케일 AI는 이러한 민감하고 전문화된 데이터 세트를 처리하기 위해 미국 내에서 더 많은 인력을 찾기 시작했지만, 여전히 인력의 대다수가 아시아, 아프리카, 라틴 아메리카에 있습니다.

리모태스크가 웹사이트에 공개한 바에 따르면 현재 작업자는 24만 명 이상입니다. 스케일 AI의 26세 CEO 알렌산드르 왕(Alexandr Wang)은 2023년 6월 CNN과 가진 인터뷰에서 데이터에 라벨을 붙이고 있는 사람이 얼마나 되는지 확인해 주기를 거부하면서 단지 "가능한 한 많은 사람에게 집단적 전문성을 가능하게 하는" AI를 믿는다고만 말했습니다.

필리핀 작업자들은 2017년부터 리모태스크에서 일하기 시작했습니다. 사업자 등록 서류에 따르면 스케일 AI는 2019년에 스마트 에코시스템 필리핀(SEPI)이라는 법인을 필리핀에 설립했습니다. 1년 뒤 코로나19가 퍼졌고 수많은 근로자가 집으로 돌아가게 되자, 리모태스크의 인기는 폭발적으로 올라갔죠.

수십 년간 정치적 불안정으로 경제적 기회가 부족했던 민다나오섬 남부 지역에서는 젊은이들이 인터넷 카페에 모여 플랫폼에서 일하거나, SEPI에 고용되어 현지 기업이 제공하는 혼잡한 사무실에서 일했습니다.

민다나오 북부 해안의 카가얀데오로에서 SEPI는
최소 7곳에서 일할 프리랜서를 모집했습니다. 그 장소들이란
컴퓨터 장비 상점 위의 방, 900여 명의 작업자가 교대로
근무하는 좁은 5층짜리 건물, 그리고 2023년 7월에도 여전히
리모태스크의 '공식 훈련 부트캠프'를 광고하는 배너로
장식된 스트립몰의 코너 오피스였습니다. 2021년 재무제표에
따르면 SEPI는 필리핀에서 임차료로 연간 200만 달러 이상을
썼습니다.

스케일 AI의 대변인은 회사가 필리핀에서
리모태스크를 운영하기 위해 SEPI를 설립한 것은 맞다고
했지만, SEPI의 운영에 대한 자세한 내용은 밝히지
않았습니다.

작업자들은 처음에는 일주일에 200달러까지
벌 수 있었습니다. 그러나 2021년 리모태스크가 인도와
베네수엘라로 확장할 무렵, 작업자들의 증언과 당시 프로젝트
배정 스크린샷에 따르면 보수가 급감했다고 합니다. 회사의
보복을 피하기 위해 닉네임 '도이'로 신분을 밝히는 조건으로
인터뷰에 응한 전직 SEPI 직원에 따르면 필리핀 프리랜서들은
일부 프로젝트에서 작업당 10달러를 벌던 것이 1센트
미만으로 떨어졌습니다.

SEPI와 협력해 온 아웃소싱 회사의 소유자는 리모태스크가 작업을 전 세계적으로 경매에 부쳐서 보수에 대한 "바닥을 향한 경쟁"을 만들었다고 말했습니다. 사업상 익명을 요구한 이 소유자는 이를 "악랄한 경쟁"이라고 했습니다.

불만 제기

프리랜서 근로자가 프로젝트를 완료하면 미국에 있는 팀의 평가를 받기 전에 여러 단계의 검토를 거친다고 작업자들은 말합니다. 작업이 승인되면 페이팔 같은 플랫폼을 통해 작업자에게 대금이 지급돼야 하죠. 하지만 때로는 아무 설명 없이 지급이 보류된다고 작업자들은 말합니다. 그리고 작업이 거부되면 작업을 다시 하라는 요청을 받거나, 원래 받기로 한 금액의 2퍼센트에 불과한 낮은 보상을 받거나, 아예 한 푼도 지급되지 않을 수 있다고 작업자들은 말했습니다.

카가얀데오로에서 작업자로 일하는 조셉은 "불만을 제기하고 목소리를 조금만 높이면 작업이 중단됩니다"라고 이야기합니다. 그는 2020년에 자신이 대금을 받지 못한 작업들에 대해 감독관에게 항의했다가 다음 날 계정이 정지된

적이 있다고 말했습니다.

　　　　최근까지 SETI에서 수백 명의 직원 중 한 명으로
일했던 도이는 자신을 포함한 몇몇 직원들이 수년간 회사
관리자와 리모태스크 경영진에게 작업자들의 불만을
전달했다고 말했습니다. 도이에 따르면 리모태스크 경영진은
SEPI 직원들에게 회사가 보수 지급 문제를 해결하기 위해
노력하고 있다고 알리라고 지시했습니다. 또 경영진은 SEPI
직원에게 작업자가 불만이 생기면 리모태스크 지원 센터로
문의하게 하라고 지시했지만, 그런 민원 제출은 아무 소용이
없었죠.

　　　　스케일 AI의 대변인은 회사는 지급 관련 분쟁을
검토하고 대응하는 숙련된 전문가를 고용하고 있고, 이를
포함해 "질문과 지원을 위한 여러 채널"을 제공하고 있다고
말했습니다.

　　　　"우리에겐 선택의 여지가 없다."

디지털 노동 플랫폼의 노동 기준을 평가하는 옥스퍼드 인터넷
연구소(Oxford Internet Institute)는 노동 과정을 복잡하게
꼬아 놓은 스케일 AI에 주목합니다. 옥스퍼드대 산하 기관인

이 연구소는 2023년 평가에서 리모태스크에 10점 만점에 1점을 부여했습니다. 근로자에게 온전하게 임금을 지급할 수 있는 능력등 주요 지표에서 낙제점을 준 것입니다.

옥스퍼드대 연구원인 조나스 발레테는 스케일 AI가 고객에게 고품질 데이터를 제공하는 동시에, 품질 보증에 대한 책임과 비용의 상당 부분을 개별 작업자에게 떠넘겨 이익을 얻는다고 지적합니다. 이용 약관에는 리모태스크가 부정확하다고 간주되는 작업에 대해 임금 지급을 보류하거나, 프로젝트에서 작업자를 퇴출하거나 계정을 비활성화할 수 있는 "권리를 보유한다"고 명시되어 있습니다. 이러한 불분명한 규칙에 따라 회사는 이미 작업이 완료된 후에도 대금을 지급할지 여부와 그 시기를 결정할 수 있습니다.

스케일 AI의 대변인은 옥스퍼드 보고서에 대해 유감이라며 이렇게 말했습니다. "우리의 데이터 주석 작업은 긱(gig) 기반으로 유연하게 설계됐습니다. 우리는 리모태스크에서 일할 기회를 제공하는 것을 자랑스럽게 생각합니다."

필리핀 노동 단체들은 리모태스크 같은 플랫폼을 규제하지 않는 정부를 비판합니다. 그러나 정부 관계자들은 새로운 산업이 위축될까 봐 우려된다고 말하죠. 온라인 결제

회사와 국제노동기구(ILO)의 연구에 따르면 필리핀에서는 온라인 프리랜서 작업이 세계 어느 곳보다 빠르게 성장하고 있습니다.

시장 조사 업체인 그랜드 뷰 리서치(Grand View Research)는 전 세계적으로 데이터 수집 및 주석 산업이 2030년까지 171억 달러 규모에 이를 것으로 예상합니다. 2021년 ILO 연구에 따르면 전 세계 온라인 프리랜서 작업의 대부분이 남반구에서 수행되는데, 인도와 필리핀이 거의 절반을 차지합니다.

필리핀 정보통신기술부 차관을 지낸 몬치토 이브라힘은 말합니다. 마이크로 태스킹이 "우리의 미래가 될 수 없다"고 말이죠.

민다나오섬 같은 지역에서 일자리를 찾기 위해 애쓰는 젊은이들에게는 대안이 거의 없습니다. 한때 스케일 AI에서 일했던 37세 작업자 필립 알치 엘레멘토는 스케일 AI가 필리핀 노동자를 착취할 수 있다고 말합니다. "그들은 우리에게 선택의 여지가 없다는 걸 알고 있기 때문입니다."

2023년 7월 카가얀데오로에서 일하는 작업자 폴은 리모태스크를 그만두기로 했다고 말했습니다. 그는 임금을 받지 못하는 데 지쳤고, 모아 둔 돈이 줄어들어 불안해하고 있었죠. 폴은 말했습니다. "제가 더 나은 대우를 받을 자격이 있다는 걸 압니다." 한 달 후에도 그는 여전히 리모태스크에서 일하고 있었습니다. 폴은 회사를 떠나고 싶었지만, 어디로 가야 할지 몰랐습니다.

세상에 없던 것을
만들어 내는 사람을
만납니다.

트럼프 2기의 정책 방향을 분석하는 사람이 많지만, 트럼프를 가까이에서 지켜본 사람은 드물다. 조의준은 《조선일보》워싱턴 특파원으로 2016년 12월부터 2021년 2월까지 트럼프 1기의 처음과 끝을 워싱턴에서 지켜봤다. "트럼프의 말이 아니라 행동을 보라"는 존 매케인 상원의원의 조언을 듣고 트럼프의 말폭탄 뒤에 숨겨진 미국의 새로운 패권 전략을 들여다봤다. 그 속에는 제재와 수출 통제를 통해 '피 흘리지 않는 전쟁'을 치르는 미국이 있었다. 《제재 전쟁: 트럼프의 피 흘리지 않는 전쟁이 온다》의 저자이자 생크션랩(SanctionLab) CEO인 조의준을 인터뷰했다.

트럼프 2기에 '제재 전쟁'이 한층 강력해질 것으로
전망했다.

미국이 국제 질서를 유지하는 방식이 제재와 수출 통제로
바뀌었다. 초강대국 미국이 전쟁에 지쳤기 때문이다. 그래서
택한 것이 피 흘리지 않는 전쟁, 바로 제재다. 2016년 트럼프
1기의 등장 역시 이런 배경에서 이뤄졌다. 트럼프는 미국의
군사 개입을 줄이고 '아메리카 퍼스트' 정책을 통해 자원과
인력을 국내에 집중시키는 것을 목표로 했다. 오바마
행정부는 8년간 2350건의 제재를 했는데, 트럼프 1기는 4년간
3900건의 제재를 했다. 그런데 바이든 행정부도 6000건이
넘는 제재를 했다. 정권을 떠나 제재에 집중할 수밖에 없는
흐름이 형성된 것이다. 트럼프 2기에서는 제재라는 거대한
조류가 더 빨라질 것이다.

미국이 군사적 충돌을 피하게 된 이유가 뭔가?

2차 세계 대전 이후 미국은 한국 전쟁, 베트남 전쟁, 이라크
전쟁, 아프가니스탄 전쟁까지 끊임없이 전쟁을 이어 왔다.
이 전쟁들은 막대한 경제적 비용과 인명 피해를 냈다.

미국 역사상 가장 긴 군사 작전이었던 아프가니스탄 전쟁(2001~2021년)의 총비용은 2조 3000억 달러에 달한다. 끝없이 들어가는 비용과 미국인들의 전쟁 피로감은 미국이 군사적 개입 대신 경제 제재와 같은 외교적 수단으로 정책을 전환하도록 이끌었다. 특히 셰일 오일의 발견으로 미국은 에너지 독립국이 되면서 해외에 의존할 이유도 사실상 사라졌다.

제재라면 유엔 안전보장이사회 같은 국제기구 차원에서 이뤄지는 것 아닌가?

2000년대까지는 그랬다. 당시만 해도 미국의 독자 제재는 쿠바와 중남미 마약 카르텔에 국한됐다. 안보리 제재를 보완하는 수준이었다. 그러나 20여 년이 지나면서 상황이 크게 변했다. 일단 안보리 체제가 무너졌다. 중국과 러시아의 목소리가 커지면서 상임 이사국 5개국(미국, 영국, 프랑스, 중국, 러시아) 간의 이견 조율이 어려워졌다. 상임 이사국은 안보리 결의를 거부할 수 있는 거부권을 갖고 있다. 5개국 중 한 국가라도 거부권을 행사하면 안보리에서 결의를 채택할 수 없다. 그러다 보니 안보리가 제재를 하려 해도 중국과 러시아의 반대로 제재 범위와 수위가 약해졌다. 우크라이나 전쟁은 안보리의 기능을 사실상 정지시키는 결정적 계기가 됐다. 안보리가 러시아의 침공을 규탄하는 결의안을 상정했는데, 상임 이사국인 러시아가 셀프 거부권을 행사해 부결됐다. 이제 안보리를 통한 국제 사회의 단합된 제재는 20세기의 추억으로 남게 됐다.

미국의 독자 제재는 어떤 식으로 이뤄지나?

미국은 제재를 위해 주로 네 가지 전략을 사용한다. 바로 1차 제재, 2차 제재, 수출 통제, 금융 제재다. 1차 제재는 미국 시민, 미국 내 거주자, 미국 법인에 적용되는 제재다. 미국 정부는 이들에게 특정 국가, 인물, 단체와의 거래를 금지한다. 2차 제재는 외국인 또는 외국 법인이 제재 대상 국가, 인물과 거래할 때 처벌하는 것이다. 수출 통제는 미국산 물품 또는 미국 기술이 포함된 제품이 제재 대상국에 수출되지 못하게 막는 것이다. 금융 제재는 제재 대상 국가나 개인, 기업을 글로벌 금융 시스템에서 퇴출하는 것이다. 이 모든 제재는 서로 연결돼 있다.

미국이 아무리 강대국이라지만, 외국인의 거래까지 금지할 수 있는 권한이 있나?

미국이 글로벌 제재를 시행할 수 있는 근거는 '미국인'의 개념이 전 세계로 확장된다는 것이다. 제재 규정에서 말하는 '미국인'은 단순히 미국 시민만을 의미하지 않는다. 미국과 경제적, 법적으로 연결되는 모든 사람과 기업을 포함한다. 예를 들어 한국 회사가 미국에서 만든 기술을 이용해 뭔가를 만든다면, 그것이 한국에서 생산된 제품이라도 미국의 수출 통제 규정을 따라야 한다. 또 한국인이라도 미국 달러로 거래하면 제재의 대상이 될 수 있다. '달러가 사용되면 미국의 관할권'이라고 생각하면 된다.

제재 대상이 되면 어떤 일이 벌어지나?

예를 들어 미국 정부는 북한과 거래하는 중국 회사를 제재 대상에 올리고, 이 회사의 미국 내 자산을 동결하고, 달러 거래를 막아 버릴 수 있다. 달러 거래가 막히면 사실상 수출입이 불가능해져 회사는 상당한 타격을 받을 수밖에 없다. 물론 이런 거래는 중국의 국내법으로는 아무 문제가 없을 수 있다. 하지만 미국은 미국 법을 적용해 '달러'를 무기로 삼아 교역을 막아 버리는 것이다.

생크션랩 CEO 조의준

미국의 제재가 강력한 건 알겠는데, 이란과 북한 같은 극소수의 국가에나 적용되는 것 아닌가?

미국은 전 세계를 대상으로 다른 국가나 국제기구들보다 3배 많은 제재를 가하고 있다. 현재 미국의 제재 대상이 있는 국가가 전 세계 3분의 1에 달한다. 제재가 폭증하면서 워싱턴에는 수십억 달러 규모의 '제재 산업'까지 생겨났다. 외국 정부와 다국적 기업들은 제재에 영향을 미치기 위해 막대한 비용을 지출하고 있고, 로펌과 로비 업체들은 제재

담당 정부 관리들을 속속 고용하고 있다.

> 제재를 남용해 공급망을 옥죄는 것은 미국에도
> 문제가 될 것 같은데.

과거 미국은 에너지 안보를 위해서라도 중동 문제에
개입할 필요가 있었다. 그런데 지금 미국은 셰일 혁명으로
사우디아라비아보다 많은 원유를 생산하고, 천연가스는
너무 많이 나와서 불태우는 상황까지 와버렸다. 미국은 나
홀로 있어도 부족하지 않은 국가가 됐다. 여기에 AI와 바이오
등에서 후발 주자와의 격차는 더욱 커지고 있다. 제재와 수출
통제는 미국 입장에서 최상의 선택이다. 미국의 수출에서
제조업이 차지하는 비중은 5퍼센트에 불과하고, 그마저도
고부가 가치 상품이 대부분이라 제재 대상 국가로 직접
수출되는 경우는 적다. 또한 미국은 세계 최대의 수입국이라
세계 각국의 기업들이 미국 눈치를 볼 수밖에 없다.

자유주의와 권위주의 진영이 충돌하고 있다. 전
세계가 미국과 서방, 중국과 러시아로 쪼개지며
블록화되고 있다. 이런 상황에서 미국이 제재와 수출
통제만으로 국제 질서를 유지할 수 있나?

미국의 가장 강력한 무기는 '달러'다. 세계 무역에서 달러화가
차지하는 비중은 40~50퍼센트에 달한다. 나머지 30퍼센트
이상을 차지하는 유로화 결제도 미국 금융망을 통해 이뤄지는
경우가 많다. 결국 미국이 가운데서 돈줄을 잡고 있으면
누구도 마음대로 거래할 수 없다. 미국은 자기 피를 흘리지
않고도 상대를 말려 죽이는 전법을 쓸 수 있다.

중국과 러시아도 가만히 있지만은 않을 텐데.

서방이 전방위 압박을 가하자 중국과 러시아는 물물 교환
방식의 무역도 검토하고 있다. 금융 기관을 이용하면서
미국과 서방의 제재를 피하는 것이 사실상 불가능해지자
국경에서의 물물 교환을 통한 물자 공급으로 리스크를
최소화하려는 전략이다. 2021년에는 한 중국 기업이 200만
달러 상당의 자동차 전기 부품을 이란에 수출하고 그 대가로

피스타치오를 받기도 했다. 또한 중국 역시 제재를 외교 정책 수단으로 활용한다. 반외국제재법을 제정해 중국을 제재하는 국가에 보복할 수 있다는 점을 법적으로 명확히 했다. 러시아는 금융 거래가 막히니까 달러와 유로 현금 확보에 사활을 걸고 있다. 또 법까지 만들어 암호화폐를 장려하고 있다.

책에서 제재 전쟁에 유럽까지 참전했다고 주장했다.

트럼프 1기부터 본격화한 제재 전쟁에서 유럽은 한 발 떨어져 지켜보는 쪽이었다. 유럽의 최대 수출 시장인 중국과 날을 세워서 좋을 이유가 없었다. 그러나 우크라이나 전쟁이 이 구도를 180도 바꿔 놓았다. 이제 유럽은 미국보다 적극적으로 제재 위반을 단속하고 있고, 러시아에 물품 대부분을 공급하는 중국과도 확실한 거리를 두기 시작했다. 이 변화는 우크라이나 전쟁이 그동안 경제적 이익 뒤에 숨겨져 있던 자유와 민주주의라는 가치를 분명히 드러냈기 때문이다. 자유주의와 권위주의 체제 사이에 갈등이 격화하면서 경제를 넘어선 가치의 싸움으로 확장된 것이다. 유럽 27개국에서 2022년 2월 이후부터 현재까지 제재 관련 수사가 3800건이 이뤄졌다. 이 수치는 언론에 보도된 사건만 집계한 깃이라 실제 수사 건수는 훨씬 많을 수 있다.

‘글로벌 제재 전쟁’ 속에서도 한국에서는 아직 제재 관련 논의가 활발하지 않다.

한국이 조용한 것은 제재 위반이 없어서가 아니라 아직 제대로 이슈가 되지 않고 있어서다. 제재 대상과의 거래로 계좌가 동결되거나 물품 대금을 못 받는 경우는 생각보다 많다. 외교관들의 얘기를 들어 보면 제재를 받을 뻔한 많은 사건이 있었지만, ‘동맹’을 고려해 미국이 ‘봐준’ 경우도 많았다. 한국 정부와 여론은 미·중 패권 경쟁 속에서 한국이 줄타기를 통해 이익을 극대화해야 한다는 입장으로 기울어져 있다. 이러한 줄타기를 통한 이익 극대화가 아주 불가능한 일은 아니지만, 현실에 대한 냉정한 판단이 필요하다. 지금처럼 ‘아닌 척’, ‘모르는 척’, ‘순진한 척’하는 전략이 언제까지 작동할 수 있을지 알 수 없다.

방금 얘기한 대로 한국은 미국의 동맹이기 때문에
계속 '봐줄' 수도 있지 않나?

미국은 의혹이 있어도 지켜보다가 결정적인 순간에 압류와
제재 카드를 꺼내는 전략을 구사한다. 제재 위반 공소 시효를
5년에서 10년으로 연장한 이유도 시간을 미국의 편으로
두고 기업과 외국 정부를 압박하기 위해서다. 한 미국 관료는
나에게 "제재 리스트는 언제나 우리 손에 있다. 이걸 언제
어떻게 쓰느냐는 정치적으로 결정하는 것"이라고 했다.
미국은 자국의 글로벌 전략에 따라 동맹국에도 제재라는
채찍을 들 수 있다. 만약 한미 관계가 껄끄러워지는 상황이
생기면 그 피해는 고스란히 한국 기업에 돌아올 수밖에 없다.

한국 기업이 실제로 제재를 받은 사례가 있나?

올해 2월에 미국 상무부가 경남 김해의 대성국제무역을
제재한다고 발표했다. 이 업체는 2023년부터 2024년까지
군사용 무기 제조에 쓰일 수 있는 '금속 가공 CNC 밀링
머신'을 조립되지 않은 상태로 5차례에 걸쳐 러시아로 수출한
것으로 알려졌다. 이 업체가 제재당한 것은 한국에 대한

경고로 읽어야 한다. 미국은 제재하기 전에 대성국제무역 측에 어떤 연락도 하지 않았다. 본인들의 정보만을 가지고 전격적으로 제재한 것이다.

> 한국의 줄타기에 끝이 다가오고 있다는 경고 신호로 읽힌다.

국제 정세나 미국과 유럽의 정서가 한국을 계속 봐줄 수는 없게 만들고 있다. 미국 상무부 산업안보국은 2024년 10월에 텍사스주에 있는 퍼스트콜 인터내셔널(First Call International)에 44만 달러의 벌금을 부과했다. 수출 문서를 허위로 기재하고, 군용 부품을 허가 없이 한국과 말레이시아에 수출한 혐의다. 퍼스트콜은 2019년 7월에 한국 내 헬리콥터 정비 시설에 한국 해군의 헬리콥터 부품인 1603달러짜리 브라켓 한 개를 발송했다. 미국은 우방국인 한국에 200만 원짜리 헬리콥터 부품을 하나 보냈다고 자국 기업을 제재한 것이다. 이를 공개적으로 발표한 것도 한국에 수출 통제와 관련한 경고를 보내기 위한 것으로 해석된다. 한미 관계가 틀어지면 언제든 제재의 칼날이 한국을 겨냥할 수 있다.

한국 정부와 기업이 제재 전쟁에 충분히 대비되어
있지 않은 것 같다.

《제재 전쟁》을 집필한 이유다. 미국의 규정은 점점 더
빡빡해지고 보이지 않는 무역 장벽은 높아지고 있지만,
우리는 아직 반도체 수출이 잘되느냐 마느냐, 자동차 수출이
역대 최고를 기록하느냐 마느냐 숫자에만 관심이 있을
뿐이다. 이 책을 쓰기 위해 워싱턴 특파원을 할 때부터 7년간
틈틈이 모은 제재 관련 자료를 정리하니 2000페이지가
넘었다. 미 백악관과 법무부, 재무부 등의 자료와 제재와
컴플라이언스 관련한 전문 매체 정보도 긁어모았다. 책을
쓰기 위해 아침 8시부터 밤 11시까지 밥 먹는 시간만 빼고 몇
달을 매달렸다. 이 책에 있는 사례들은 반도체와 중국 부분을
제외하곤 한국에 거의 보도되지 않은 사례들이다.

《제재 전쟁》을 어떤 독자에게 추천하나?

기업인만큼이나 공무원들이 많이 읽어 주면 좋겠다. '제재
전쟁' 시대엔 협상력 있고 뛰어난 공무원들이 나라의
운명을 좌우할 수 있다. 전문 지식으로 무장한 엘리트

공무원들이 미국, 중국과 치열하게 밀고 당긴 협상의 '한 줄'이 국내 산업을 살리고 죽이는 결정적인 장면이 될 것이다. 공무원들이 정권의 눈치를 보지 않고 국익을 위해 일할 수 있는 환경을 만들어 주는 것이 제재 전쟁 시대에 살아남는 가장 중요한 요소 중 하나라고 생각한다.

시작되지 않은 일을 비평한다는 것은 만만치 않은 일입니다.
하지만 2025년에 일어날 몇 가지 자명한 사건들이 있습니다.
바로 '트럼프와 머스크'입니다. 2025년 첫 《bkjn magazine》은
도널드 트럼프가 백악관에 다시 입성한 세계에 관해 비평할
수 밖에 없었습니다. 예측이나 전망이 아닙니다. 비평입니다.
트럼프의 시대는 대선 승리와 함께 이미 시작됐기
때문입니다. 그 시작에는 일론 머스크가 함께하고 있습니다.
하지만 저희는 그 둘의 연합이 상상을 뛰어넘는 개혁을
이뤄 낼 가능성은 낮다고 봤습니다. 여러분께서는 어떻게
생각하시는지 궁금합니다. 또한 2025년 우리는 '대안적
정의'와 맞서게 될 것입니다. 대안적 정의는 몹시 위험하고
불공평합니다. 미국에서 울린 만조니의 총성 한 발이 지나칠
수 없는 경고장을 내밀었습니다. 경고장을 받아 들 것인지는
우리의 선택입니다. 《bkjn magazine》은 인간이기 때문에
가져야 할 판단과 결심의 기준을 고민하고자 합니다. 저희의
비평에 동의하거나, 반대하거나, 다른 생각을 추가하면서
함께해 주셨으면 합니다. 독자 여러분, 지금까지 첫 번째
《bkjn magazine》이었습니다.